博物館の未来を考える

「博物館の未来を考える」刊行会 編

目　次

博物館法の未来を考える

まえがき

　本書は、令和3（2021）年3月2日にオンラインで開催されたシンポジウム「今後の博物館制度を考える　博物館法改正を見据えて」の概要を紹介したものである。

　昭和26（1951）年に制定され本年で70年目を迎えた博物館法は、戦後の社会教育政策の中で博物館の振興に一定の役割を果たしてきた一方で、70年を経た博物館の運営実態との乖離等、多くの課題がかねてより指摘されている。また、国や自治体の財政難の影響で博物館運営が厳しい状況でありながら、社会教育機関のみならず多様な社会的役割を期待される中で、博物館の運営を持続的に支援する制度の必要性と、制度を支える博物館法の在り方が問われ、国や博物館関係者の間で検討が続けられてきたが、平成20（2008）年の改正でも課題解決には至らなかった。

　一方、博物館への役割期待が高まる中で、令和元（2019）年に博物館行政が文化庁に一本化され、文化審議会の下に博物館部会が設置され、博物館法改正を含めた本格的な検討が開始された。

　こうした中で、日本学術会議史学委員会博物館・美術館等の組織運営に関する分科会は、平成29（2017）年に博物館法改正に関する提言をまとめ、令和2（2020）年には「博物館法改正に向けての更なる提言〜2017年提言を踏まえて〜」を発出した。学術会議の提言は、大きく捉えると、従来の博物館登録制度に代わる新たな認証制度の創出と、新制度に対応した認証基準の設定と運用を担う第三者機関の設置、そして学芸員の研究者としての位置付けの強化を基本とする学芸員制度の設定・充実を中心的な柱として、博物館法の改正に新たな方向が示されている。この提言に対しては、博物館関係者をはじめ学芸員養成を担う大学の関係者からも様々な意見が寄せられ、博物館部会等の場でも議論が交わされている。

　本シンポジウムでは、日本学術会議の提言を議論のベースとしながら、今後の博物館制度と、制度の根幹となる博物館法の在り方について、提言への賛否も含め、博物館の国際的動向も視野に入れた多彩な立場の方々の発表と、それぞれに

対する意見交換がなされることを期待した。

　今回のシンポジウムの記録としての本書の刊行が、博物館のより良い未来に向けたさらなる議論を深めるたすけとなることを確信している。

　関係者のみならず、博物館に関心を寄せる多くの方々にも是非お読みいただきたい。

半田 昌之（日本博物館協会専務理事）

文化政策としての博物法改正に向けて
―その課題と展望―

栗原 祐司

（京都国立博物館副館長）

はじめに

　現在、文化審議会において博物館法改正に向けた議論が進められている。博物館法は、従来文部科学省生涯学習政策局社会教育課の所管であったため、中央教育審議会生涯学習分科会が審議の場であったが、平成30（2018）年10月に博物館行政が文化庁に移管したことに伴い、舞台を文化審議会に移し、令和元（2019）年11月に新たに博物館部会（部会長：島谷弘幸九州国立博物館長）が設置されたのである。

　本稿では、頭の整理のために、博物館法の従来の課題と、解決した課題、そして残された課題の3項目に分けて述べることとする。

1.　従来からの課題

　博物館法は、社会教育法の特別法として昭和26（1951）年に制定され、今年でちょうど70周年になる。法制定以降25回に及ぶ法改正を行っているが、博物館法単独で改正したのは昭和30（1955）年の1回のみで、基本的にはそれ以降半世紀以上にわたって大きな改正は行われていない。社会教育法等の改正とあわせた形では昭和34（1959）年と平成20（2008）年に改正を行っており、教育基本法の改正を受けた2008年の法改正は、「期待外れ」と評されたが、新たな条文を設ける博物館法自らの改正としては、53年ぶりの改正であった。それ以外は、地方分権等による一括法または他の法改正に伴う附則改正であり、博物館法が形骸化していると言われる所以である。

　これまで指摘されてきた博物館行政における課題としては、概ね以下のようなものが挙げられる。

・文部科学省と文化庁による行政の二元化
・文化財保護法との連携のなさ
・環境行政等他府省との連携のなさ
・文化担当部局の教育委員会から首長部局への移管に伴う博物館行政の形骸化

・公立博物館における PPP（Public Private Partnership）制度導入に伴う設置者と運営者の乖離（指定管理者制度、地方独立行政法人、PFI（Private Finance Initiative）、公共施設等運営事業（コンセッション）方式等）

次に、登録博物館制度については、以下のような課題が指摘されてきた。

・日本にある博物館施設のうち、博物館法の対象となる登録博物館及び博物館相当施設は、2割程度。
・公立博物館は、教育委員会所管でないと登録の対象とならない。
・国立及び大学博物館は、登録の対象ではない。
・更新制度が導入されていない。
・登録のメリットがない。

学芸員制度に関しても、以下のように多くの指摘がなされている。

・多様な館種・専門性に対して単一の学芸員資格の矛盾
・専門的職員としての学芸員に対する職階制度の未整備
・高度学芸員養成または現職教育の場の未整備
・300余の大学の学芸員養成課程に対する就職率の低さ
・学芸員補の在り方の未検討
・研究機関指定の少なさ

2. 解決した課題

次に、前述の従来の課題中で、解決したものをみていきたい。
まず、文部科学省と文化庁による行政の二元化については、前述の通り、文部科学省設置法の一部改正により、2018年10月から博物館行政が文化庁に移管した。依然として大学博物館は文部科学省の研究振興局学術機関課、科学技術関係は科学技術・学術政策局人材政策課であるなど、完全に一元化したわけではないが、改善はされたと言える。
この設置法改正は、2022年に京都移転を控えている文化庁の機能強化のために

行われた。具体的には、文化庁が中核となって我が国の文化行政を総合的に推進していく体制の整備を行うとともに、従来社会教育課が所管していた社会教育施設としての博物館に関する事務全般を文化庁に移管し、あわせて独立行政法人国立科学博物館も文化庁に移管した。また、「学校における芸術に関する教育の基準の設定に関する事務」も文化庁に移管し、従前より取り組んできた文化振興施策に加えて、学校教育における子どもたちへの芸術に関する教育の充実を図ることとされた。

　文化審議会博物館部会では、博物館の制度と運営に関する幅広い課題について検討を行うこととされ、令和3（2021）年3月時点で9回開催しているが、2020年11月に横浜市で開催された全国博物館大会において文化庁は「法改正の必要性を含めた幅広い議論を行い、来年年央までには一定の方向性について中間的な結論を得たい」と発表した。次期通常国会に、改正法案を提出する心積もりだという。これを受けて、2021年2月に博物館部会に「法制度の在り方に関するワーキンググループ」（以下「WG」）（座長：浜田弘明桜美林大学教授）が設けられ、登録制度の枠組み、審査と評価、学芸員資格の3点を中心に議論を行っている。同年3月24日に開催された博物館部会では、WGの中間報告が行われた。現時点での方向性としては、登録制度を選別ではなく「底上げ・盛り立て」の制度とすることや、対象の縛りを緩和し、外形的な審査から機能や実質的な活動を評価することを提言している。また、審査主体は従来通り国または都道府県・指定都市教育委員会だが、専門的な審査は専門性を担保するため、第三者性を持った専門家組織が行うこととしている。さらに、質保証のために10年程度の更新制を導入し、第三者組織から派遣された熟練の専門家による指導・助言を行う方向で検討されている。

　この制度を実効性のあるものとするためには、登録（認証）のメリットを拡充する必要があることはもちろん、他の法令体系とも連動した振興策や予算措置の充実を図る必要がある。第三者組織の位置づけについても検討すべきことが多々ある。学芸員制度については、現時点で十分な議論がなされておらず、人材育成に関する施策は大学等への影響も大きいことから、「拙速な議論を避け、一定の時間をかけた慎重かつ包括的な検討が必要」であり、更に議論を深めることとされた。今後、法制度上の整理や関係省庁との調整を行うとともに、地方公共団体や多様な館種・規模の博物館、関係団体・組織へのヒアリング等を通じた検討を行い、引き続きWGにおいて詳細な制度設計を検討する予定である。夏までに部会としての中間報告がまとめられる予定だが、博物館関係者は注視していく必要が

ある。

　次に、公立博物館は、教育委員会所管でないと登録の対象とならないという永年の課題については、2019年6月の第9次地方分権一括法により、特例として首長部局所管の博物館も登録の対象となった。教育基本法にも明記されている通り、博物館は図書館、公民館と並んで「社会教育施設」とされており、博物館法は社会教育法体系にある。このことは、文化庁に移管しても変わっていない。そして、社会教育に関することは、地方教育行政の組織及び運営に関する法律（以下「地教行法」と言う）上、教育委員会の職務とされている。しかしながら、その後「職務権限の特例」という条項が追加され、平成19（2007）年6月にスポーツ及び文化財保護を除く文化に関することは、首長部局の所管でもよいということになった。さらに、2018年6月の文化財保護法の改正に伴い、文化財の保護に関することも教育委員会でなくてもよいということになった。従来文化庁が主張していた政治的中立性の確保や、開発行為と文化財保護との均衡の必要性といった理屈が、崩れ去ったわけである。

　こうなると、もはや社会教育施設が教育委員会所管でなければいけないという理由は成り立たなくなるため、文化財保護法の改正作業と並行して2018年2月、中央教育審議会生涯学習分科会にワーキンググループが設置された。情けないことに従来この分科会に博物館関係者が一人もいなかったため、法政大学の金山喜昭教授を委員として審議を行い、同年12月の中央教育審議会答申で首長部局でも社会教育施設を所管できる特例を設ける旨の提言がなされた。この結果、2019年6月の第9次地方分権一括法によって、地教行法及び博物館法は改正された。具体的には、地教行法では教育委員会の職務権限の特例に「社会教育に関する教育機関」が追加され、博物館法については、所管を定めた第19条が改正された。2008年の法改正時には大きな壁であった所管の問題が、時代の変化によって解決したわけである。

　同じく2008年に大改正を行おうとしながら、最終的に省令改正、学芸員養成課程の拡充だけに終わった学芸員制度関係については、残念ながら、その後大きな改善は行われていない。

3. 残された課題

⑴文化財保護法との関係

　最後に、残された課題について述べる。まず、文化財保護法との連携について
は、日本学術会議から博物館法と文化財保護法との整合性を図るべきとの提言が
なされている。博物館法では、法制定当時から、博物館の事業について規定した
第3条第1項第8号に、「当該博物館の所在地又はその周辺にある文化財保護法の
適用を受ける文化財について、解説書又は目録を作成する等一般公衆の当該文化
財の利用の便を図ること」という条文がある。しかしながら、文化財保護法に関
する規定はこれだけで、しかも、内容的には公立博物館のみを念頭に置いた規定
になっているため、見直しが必要であろう。

　一方、文化財保護法には、博物館法はまったく引用されていない。重要文化財
等の所有者以外による公開を、逐一文化庁の許可を得なくてもいい「公開承認施
設」についての規定（第53条）があり、事実上博物館のための制度になっており、
概ね120館程度が公開承認施設となっているが、博物館法とリンクしていないた
めに、類似施設も数館承認されている。

　「重要文化財の所有者及び管理団体以外の者による公開に係る博物館その他の
施設の承認に関する規定（平成8年8月2日文化庁告示第9号）」によれば、公開承認
施設の承認期間は5年の更新制で、組織等の要件は、重要文化財の保存及び活用
について専門的知識又は識見を有する施設の長が置かれていること、学芸員の
資格を有する者で、文化財の取扱いに習熟している専任の者が2名以上置かれて
いること、施設全体の防火及び防犯の体制が確立していることとなっている。ま
た、建物及び設備の要件として、耐火耐震構造であること、内部構造が展示、保
存及び管理の用途に応じて区分され、防火のための措置が講じられていることと
あり、さらに温度、相対湿度及び照度について文化財の適切な保存環境を維持す
ることができる設備を有していること、防火及び防犯のための設備が適切に配置
されていること、観覧者等の安全を確保するための十分な措置が講じられている
こと、承認の申請前5年間に、重要文化財の公開を適切に3回以上行った実績が
あることなど、登録・相当の基準よりもかなり厳しい内容になっている。承認さ
れている施設は、申請すれば間違いなく登録博物館または博物館相当になれると

思われる。この規定は告示であり、文部科学大臣の決裁で改正できるため、それほどハードルは高くないと思われる。公開承認施設の基準の方が厳しいため、登録・相当であることを承認の要件としても、何ら問題はないのではないかと思われる。

⑵ 環境行政等他府省との連携

次に、環境行政等他府省との連携については、先ほども述べたとおり、2018年に文部科学省設置法が改正され、その所掌事務に、「文化に関する関係行政機関の事務の調整に関すること」（第4条第1項第78号）が追加された。設置法上の文化庁の任務は、「博物館による社会教育の振興を図る」こと（第19条）であり、ややわかりにくいが、文化政策として、博物館による社会教育の振興を図ることが明記されている。また、文化芸術基本法には、関係府省からなる「文化芸術推進会議」の設置が規定され（第36条）、文化庁長官が議長となっている。まだ2回しか開催されていないようだが、ぜひ文化政策としての博物館法改正に向けて、文化庁がリーダーシップを発揮して、他府省との連携を強化してほしい。ちなみに、2018年3月に閣議決定された文化芸術推進基本計画（第1期）には、以下のような記述がある。博物館は、社会的課題を解決する場としての役割が求められていることを再認識する必要があるだろう。

> 美術館、博物館、図書館等は、文化芸術の保存・継承、創造、交流、発信の拠点のみならず、地域の生涯学習活動、国際交流活動、ボランティア活動や観光等の拠点など幅広い役割を有している。また、教育機関・福祉機関・医療機関等の関係団体と連携して様々な社会的課題を解決する場としてその役割を果たすことが求められている。

動物園、水族館、植物園については、「動物園法」や「水族館基本法」の制定に向けた議論もあり、「認定希少種保全動植物園等」制度やワシントン条約第7条第6項に基づく研究施設登録制度が創設されたりしている。また、「動物の愛護及び管理に関する法律」における動物園、水族館の扱いも、従来からの課題となっている。登録博物館のメリットを拡充するためには、文化庁はもっと動物園、水族館、植物園等他省庁所管の制度も視野に入れることが必要であろう。

⑶ 設置者や運営の多様化

　次に、文化担当部局の教育委員会から首長部局への移管に伴う博物館行政の形骸化や、公立博物館における設置者と運営者の乖離に関しては、博物館法制定当初は想定していなかったもので、もっと早くこうした時代の変化に対応して前向きな法改正をすべきだったと思われる。前述の通り、現在、文化審議会博物館部会で登録・相当制度に代えて認証制度を創設し、審査及び指導助言を行う第三者組織を設置することについて検討中であり、実のある改善が求められる。

　ちなみに、PFIの事業方式と事業類型には以下のようなものがあり、既にそれぞれの方式で博物館も設置・運営されている。各大学の学芸員養成課程において、どこまで詳しく教えられているのか承知していないが、「博物館経営論」は、博物館施設に関する内容が必ずしも十分ではなく、この点についても見直しが必要かと思っている。

・BTO（Build Transfer and Operate）方式
　民間事業者が施設を建設し、施設完成直後に公共に所有権を移転し、民間事業者が維持管理及び運営を行う方式。㊋神奈川県立近代美術館葉山館

・BOT（Build Operate and Transfer）方式
　民間事業者が施設を建設し、維持管理及び運営し、事業終了後に公共に施設所有権を移転する方式。㊋仙台市天文台

・BOO（Build Operate and Own）方式
　民間事業者が施設を建設し、維持管理及び運営をするが、公共への所有権移転は行わない方式。㊋新江ノ島水族館

・RO（Rehabilitate　Operate）方式
　民間事業者が自ら資金を調達し、既存の施設を改修・補修し、管理・運営を行う方式。㊋弘前れんが倉庫美術館

⑷ 登録博物館制度の見直し

　登録博物館制度については、日本には5,738の博物館（平成30年度社会教育調査）があるが、博物館法の対象となる登録は914館、相当は372館で、全体の22.4%に過ぎない。しかも日本を代表する国立博物館・美術館や大学博物館は、登録の対象になっていない。前述の公開承認施設と異なり、登録・相当は更新制度が導入されておらず、都道府県によっても異なるものの、定期的なチェックがなされ

ていないという問題が従来から指摘されている。こうした問題も、新たに認証制度を創設し、設置者による要件を緩和し、活動内容の質等に関する基準に基づき審査を行う制度設計について、文化審議会博物館部会で検討中である。

　国立博物館・美術館については、博物館法第2条で設置者を限定しており、国については規定がなく、独立行政法人については除くということを明記している。これは、従来国の博物館については各府省の設置法、独法については各独法の個別法に基づいて設置されていることから、博物館法の対象になじまないと説明されてきたが、少なくとも独立行政法人国立文化財機構、国立美術館、国立科学博物館が設置する国立博物館・美術館は、文化庁所管で、博物館相当施設に指定されているため、今こそ国立博物館・美術館を博物館法の対象とし、棚橋源太郎先生が理想とした総合的な博物館法を実現するべきではないかと考えている。

　また、国立大学附属の博物館については、国立大学法人法で独立行政法人とみなすことになっているため、独立行政法人との並びで解決できよう。そうなれば、私立大学博物館を外す理由はないと思われる。公立大学博物館については、現在地方独立行政法人が法の対象となっていないため、これが対象になれば問題はないと思われる。

　株式会社や個人が運営する博物館を対象とするかどうかについては、ICOM規約でMuseumはNon-profit（非営利機関）であるとしている点と、個人の博物館は継続性・安定性の面で不安が残る。この問題は、新たに設ける認証制度の検討において、設置者等の外形的基準ではなく、機能面に着目し、公益性を判断してはどうかという考えも出されているが、補助金又は税制優遇措置を設ける際に、やはり設置者要件を問われる可能性が高いため、慎重に検討すべき事項だと思われる。個人的には、小さな博物館こそ積極的に支援しなければならないと思っているが、行政判断としては難しいところであろう。少なくとも、画廊やオークション・ハウスのような営利団体を支援の対象とすべきではないことは言うまでもない。

　「博物館の設置及び運営上の望ましい基準（平成23年12月20日文部科学省告示第165号）」（以下「望ましい基準」と言う）には、2011年に「博物館は、当該博物館が休止又は廃止となる場合には、その所蔵する博物館資料及び図書等を他の博物館に譲渡すること等により、当該博物館資料及び図書等が適切に保管、活用されるよう努めるものとする」という規定（第5条第6項）が追加された。これらの私設博物館が有するプライベート・コレクションの扱いについても、別途文化政策とし

て、散逸しない手立てが必要と考える。近年の自然災害の多発等を考えれば、いくつかの拠点における地域資料の共同収蔵庫の設置等を検討する時機に来ているのではないだろうか。

(5) プラネタリウム等の資料の扱い等

　プラネタリムや公開天文台、ボーンデジタル等の「博物館資料」の扱いについては、2007年のこれからの博物館の在り方に関する検討協力者会議による報告『新しい時代の博物館制度の在り方について』で、「天体の動きなど収集、保管が困難な現象を対象とする館では、その現象に関する館の調査研究の蓄積が、当該館にとって教育・学習支援等の活動の中心となっているのであれば、そのような現象を記録した館固有の資料の蓄積をもって、博物館として必要な資料を有していると考えるべきである」と提言しており、天体写真・画像、観測資料についても博物館資料として扱うべきだと思われる。CD、DVD、USBメモリ等の媒体も同様だろう。

　博物館法では、2008年の法改正で第2条の「博物館資料」の定義に「電磁的記録」を含む、と追加し、「望ましい基準」でも従来の「一次資料」という表現を2011年に改めて、幅広く「実物等資料」としている。

　なお、博物館法第23条の公立博物館の入館無料規定は堅持すべきだと考えるが、これを私立や個人博物館にも適用するのは難しいかもしれず、独立行政法人については政府の判断かと思われる。また、学芸員制度については、ここでは詳述しないが、多くの課題があり、文化庁が言うように次期通常国会に改正法案を提出するのであれば、とても検討時間が足りないため、今の段階では、拙速は避けてじっくり検討するべきだと思っている。

(6) 博物館の定義

　最後に、博物館の定義に関しては、博物館法第2条でも後半の設置者に関する規定についてはともかく、前半の規定に関しては、普遍的で、国際的にも通じる内容のため、ことさら変更する必要はないと考える。ただし、ICOM規約に定めるMuseumの定義は、およそ10年おきに改正が行われており、現状は2007年7月に改訂されたもので、「博物館とは、社会とその発展に貢献するため、人間とその環境に関する物的資料を研究、教育及び楽しみの目的のために、取得、保存、伝達、展示する公開の非営利機関である」(第2条) という定義になっている。

　2019年9月のICOM京都大会で新たな定義案が示されたが、長時間にわたる議論の末、採決は延期された。委員会のメンバーも入れ替わり、現在ICOM-Defineという新たなメンバーで再度検討を行っており、決定は早くて2022年8月のICOMプラハ大会になる。現在、ICOMでは、定義に関して各国内委員会及び国際委員会等に、新たな定義に包含すべき最大20のキーワードまたはコンセプトの提案を募集している。また、倫理規程に関しても提案を求めており、ICOM日本委員会で検討を進めているところである。

　今回の法改正には間に合わないかもしれないが、こうしたICOMやユネスコ等における国際的な議論を踏まえた内容の法改正をしないと、ICOM大会を開催しながら日本は何を学んだのか、ただの打ち上げ花火だったのか、しょせんは文化後進国かと世界中の笑いものになるだろう。ICOMはじめ、世界中の博物館関係者に堂々と胸を張って説明できるような法改正を行うには、行政主導ではなく、博物館人によるイニシアチブでこれを成し遂げなければならない。

　関係者の叡智を結集して、よりよい博物館法の改正を実現したい。改めて、博物館関係者の皆様方のご支援・ご協力をお願い申し上げる次第である。

博物館法改正へ向けての日本学術会議の提言
—二つの発出を終えて—

小佐野重利

（東京大学名誉教授）

はじめに

　まず、昭和24（1949）年1月に内閣総理大臣の所轄の下、政府から独立して職務を行う「特別の機関」として設立された日本学術会議と博物館の関係について簡単に振り返る。同年9月6日に、日本学術会議会長名で衆・参議院議長あての申入『文化財保護法制定について』がおこなわれた。周知のように、法隆寺火災による文化財保護を急務として国会で文化財保護法制定が審議される中で、日本学術会議は特別委員会を設けて、参議院での原案に対して5月12日付の希望意見を提出したうえで、8項目からなる当該の申入をおこなった。その「4　博物館と研究所」で「委員会［注記：法律の原案の文化財保護委員会、すなわち文化庁の前身］の所属機関としては国立博物館の外に国立科学博物館を加え、研究所はそれらの附設とするのが適当である」と明言する。しかし、その「理由」を読むと、博物館の本来の目的を述べたあとに、欧米の博物館と比較して**「性格上博物館は文化財保護委員会から独立して独自の使命を完うせしめるのが理想である」**と述べ、「然し広義の文化財保存と展観とを分担するものとして、博物館を文化財保護委員会の所属機関とするには、博物館としての機能を妨げぬよう十分の用意が必要である」（強調は筆者による）とあって、国立博物館を文化財保護委員会の所属機関にすることに積極的でなかったことが読み取れる。日本学術会議が、この時に国立博物館を文化財保護委員会の所属機関にするのに反対していれば、「国立館」をめぐって博物館法制定後の文化財保護法との不整合は起こらなかった。

　日本学術会議から発出された声明、提言、報告等をひとわたり見る限り、博物館の学術資料や調査研究機能や専門職員に関する言及が出てくるのは、第17期日本学術会議　芸術学研究連絡委員会、報告『国立博物館（芸術系）・美術館の今後の在り方について――独立行政法人化に際しての調査研究機能の重視、評価の適正化など――』（2000年7月29日発出）まで見当たらない。そして、第18期と19期の報告(1)の後、第20期に日本学術会議　学術・芸術資料保全体制検討委員会の声明『博物館の危機をのりこえるために』（2007年5月24日）において、**「新たな学芸員制度の構築」**および「博物館の設置目的にしたがった点検、評価をおこなう**博物館評価機構のような組織の設置**」を検討するとある（強調は筆者による）。

　第21期日本学術会議　史学委員会博物館・美術館等の組織運営に関する分

科会の提言『地域主権改革と博物館──成熟社会における貢献をめざして──』
（2011 年 8 月 3 日）は、本報告の二つの提言に向けて博物館法における法制度上の歪
みや課題の検討を開始する契機となった。同提言は、地方分権改革推進委員会第
3 次勧告における博物館法の見直し勧告に対応することを目的とした。⁽²⁾

1.　二つの提言

　　第 23 期（2014 年 10 月 1 日〜 2017 年 9 月 30 日）および第 24 期（2017 年 10 月 1 日〜 2020
年 9 月 30 日）の日本学術会議史学委員会博物館・美術館等の組織運営に関する分科
会が発出にこぎ着けた提言が、それぞれ提言「21 世紀の博物館・美術館のあるべ
き姿──博物館法の改正へ向けて」（以下 2017 年提言、同年 7 月 20 日発出）と提言『博
物館法改正へ向けての更なる提言〜 2017 年提言を踏まえて〜』（以下 2020 年提言、
同年 8 月 27 日発出）である。筆者は両期の会員で分科会委員長として、2 つの提言
のための検討審議および作成を主導した。

　　提言を説明する前に、博物館法の概要をまとめておこう。

　　博物館法は、1951 年に社会教育法の特別法として制定された。同法の核をなす
のは、①登録制度と②学芸員制度である。

　　①は、博物館全体から法の目的にかなった館を審査登録（都道府県の教育委員会
の事務所掌）する。博物館法による館の区分けは、登録博物館と同法雑則第 29 条
の「博物館に相当する施設」（以下、博物館相当施設）だけである。

　　②は、国家（任用）資格としての学芸員の根拠が同法にあることを示す。登録博
物館の学芸員のみがその法的な根拠を有し、法的位置づけは、社会教育機関の専
門職員である。第 29 条に指定される「博物館に相当する施設」に種別される施設
や独立行政法人立の「国立館」の専門職員は学芸員とは呼ばれない。

　　同第 29 条の規定は、1955 年 7 月の法改正によって追加された。1949 年制定の
文化財保護法によって国立博物館、国立科学博物館が文化財保護委員会所掌下に
あったため、博物館法の外形的な整合を図ろうとした規定ともいえる。

　　平成 30（2018）年度社会教育調査の統計によると、登録博物館 914 館、博物館
相当施設 372 館、博物館類似施設 4,452 館、総数 5,738 館である。したがって、博
物館法が所掌する登録博物館と博物館相当施設は、日本の全博物館の 22.4％に過
ぎないことに留意したい。

さて、第23期の2017年提言から説明しよう。

提言は2項からなり、項目の見出しは、

(1) 博物館法の改正による登録博物館と博物館相当施設の新たな登録制度への一本化
(2) 博物館の水準を向上させる新制度設計と研究機能の充実

である。

同提言の発出までの経緯に触れると、分科会の提言案が査読を経て日本学術会議幹事会に提出された時点では、提言案は4項からなっていた。しかし、研究機能充実のために学芸員を社会的に研究者として認める仕組みづくりを盛り込む内容に対して、幹事会ヒヤリングの席上、「学芸員は学部卒でもなれるから、研究者とは言えないのでは」とするアカデミア側の強い偏見発言があり、筆者とのあいだで激しい議論になった。このため、後日、会長および担当副会長名で4項を2項にまとめた提言案が分科会に提示され、分科会は不承不承にそれを呑むことにし、第24期に、学芸員を研究者とするに足る根拠を示して、更なる提言を発出することを決めた。

同時に、分科会は2017年提言のフォローアップに努めた。2018年1月20日には日本博物館協会と共催で、シンポジウム「これからの博物館の在るべき姿〜博物館法をはじめとする関連法等の改正に向けて〜」が開催され、4つの報告のほか総合討論がおこなわれた。討論の中で、①学芸員養成課程を学部カリキュラムから大学院カリキュラムへ格上げ、②文化芸術基本法体系の下での文化財保護法と博物館法の一元化が、提案課題として出された。さらに、2019年3月2日には日本博物館協会主催、東京文化財研究所、全日本博物館学会及び日本ミュージアム・マネージメント学会、日本展示学会の共催によるシンポジウム「これからの博物館制度の在るべき姿〜博物館法見直しの方向性をさぐる〜」で、分科会委員2名が報告し、自然系博物館や水族館・動物園をも含め、博物館をより広範な視点から捉え、現行の博物館法の見直しを進めるための議論を深めた。

2020年提言は、新型コロナウイルス感染が広がるなか、2019年度までの提言発出に伴うプレスリリースや記者会見は取りやめとなり、日本学術会議ホームページ掲載だけになった。このため、『ミュゼMusée』第126号（2020年12月25日発行）

	登録博物館制度（現行）		認証博物館制度（新規）	
移行措置	登録博物館	⇒一括自動移行⇒	認証博物館（二級）	二級認証博物館から一級認証博物館への種別変更も可能（要申請及び認証）
移行措置	学芸員	⇒種別移行⇒	一種学芸員 二種学芸員	一種学芸員と二種学芸員の種別基準 :勤続年数 :学芸員経験年数
新規認証・新規認定	博物館相当施設 博物館類似施設 独立行政法人の国立館など	⇒個別認証申請⇒	認証博物館（一級・二級）	二級認証博物館から一級認証博物館への種別変更も可能（要申請及び認証）
新規認証・新規認定	学芸員養成課程履修者 学芸員認定試験合格者	⇒個別認定申請⇒	一種学芸員 二種学芸員	一種学芸員と二種学芸員の種別基準 :学芸員経験年数 :大学院修士課程修了 :リカレント研修 :インターンシップ等修了

図1　登録博物館制度（現行）から認証博物館制度（新規）への移行及び新規申請に伴う学芸員の区分

に博物館法改正へ向けての更なる提言の作成の背景、現状および問題点、提言の概要を掲載させていただいた。[3]

　2020年提言の本文については、日本学術会議ホームページで閲覧もしくはダウンロードしていただけるとありがたい。[4]

　提言本文の「4　提言」は5項からなる。

(1) 登録博物館制度から認証博物館制度への転換

　現状との乖離が著しい登録博物館制度から日本の博物館全体の機能強化とレベルアップのための新しい認証博物館制度への転換を提言する。認証博物館を一級、二級に区分し、その認証基準を策定する（図1）。

(2) 認証博物館制度の認証基準策定、検証、評価等を担う第三者機関の設置

　新しい認証基準の設定、審査プロセスの徹底、認証の有効期限・更新制度の導入、認証されるメリットの付加などの制度設計が必要である。イギリスに倣い小規模博物館を視野に入れ最低基準（baseline quality standard）を認証の基本とする。またアメリカにおけるような経済的恩恵の付与も重要である。認証博物館制度の実施主体としては、博物館の制度や運営の実態に精通した第三者機関が相応しい。

(3) 学芸員制度の改正による学芸員の区分の設定

　学芸員資格を、専門的職員としての基本を身につけるために学部卒で取得できる「二種学芸員」と、さらに高度な専門的知識及び技能を獲得できるよう修士課程修了を要件とする「一種学芸員」の二種類に分ける。新たに

「二種学芸員」になった者は、実務経験・リカレント研修・インターンシップ等、または大学院修士修了によって「一種学芸員」として認定される。なお現行の学芸員資格を保有する学芸員は、勤続年数や学芸員経験年数等を基準に「一種学芸員」または「二種学芸員」となる（図1）。

⑷ **学芸員による独創的な研究を可能とする新制度設計**

　　人類文化の未来に貢献するため、学芸員による業務から離れた自由な研究活動の意義も認め、独創的な研究を可能にする予算措置・研究費獲得の仕組みや、十分な人員を適切に配置するなど研究環境の基盤整備を講ずるべきである。

⑸ **文化省（仮称）の創設による博物館の運営改善と機能強化の実現**

　　ICOM（国際博物館会議）京都大会において、「『文化的ハブ』としてのミュージアム」の機能強化の機運が国内外で高まり、また、日本は被災した文化財などの迅速な救出と修復および保存管理の経験を活かして、自然災害等から文化財を保護するための国際的なネットワーク構築に寄与すべきであることが明確になった。その使命を十全に果たすことができるインフラストラクチャーを構築するためには、近い将来に文化庁が文化省（仮称）に拡充改編され、博物館の運営改善と機能強化を支援する国家的な文化政策を立てることが必要である。

である。⑸は、3月2日のシンポジウムが博物館法改正を見据えて今後の博物館制度を考えるということであったから、本稿での説明は省く。

　⑴と⑵が、新しい認証博物館制度への転換と、その制度を運営する仕組み、特に認証基準の策定、検証および評価等を担う第三者機関の設置の提言である。なぜ登録から認証制度への転換が必要かというと、どう見ても今の登録制度は完全な機能不全に陥っているとしかいえないからだ。2003年6月の地方分権推進委員会の勧告や三位一体の改革によって公立の登録博物館への補助金が完全に廃止された。したがって、登録するメリットは激減し、私立の登録博物館の税制優遇措置しか残らなかった。

　⑴⑵を提言する論拠は、文部科学省が登録事務を所掌する各都道府県に対しておこなったアンケート調査の結果である。それは、2007年の「これからの博物館の在り方に関する検討協力者会議」の第5回会議の配付資料にある。その調査結果によると、すべての都道府県における1年当たりの登録処理件数の平均が0.43

件で、登録後の定期的な確認をやっている県は約15％にすぎないこと、しかも、登録審査事務実施に当たっての審査のノウハウが維持できないと、48都道府県のうちの32が答えている。そして、博物館の専門的知識がないと回答した都道府県が23ある。つまりは、登録後の確認、更新審査ということも不可能である。このアンケート調査は10年以上前の状況を示している。この事実から、登録という言葉それ自体がもはや魅力がないし、あまり注目も浴びない。そこで認証制度へ転換するというのが提言の主旨である。

　当然、諸外国の例を検討した。特にイギリスなどの認証、あるいは認定（英語ではaccreditation）の制度を参照して認証の申請要件を最低限、ミニマム化する。もう1つは、博物館の設置主体の制限を撤廃する。この制限の撤廃には類似施設までを対象範囲に含めている。

　次は、第三者機関の設置についてである。今登録している博物館に不利益が生じないということが第一であるから、移行措置を考えるべきである。その考えに立つと、認証の申請の受け付けは従来の都道府県等の教育委員会にするのかどうか、第三者機関はその申請を受けての認証審査、定期的な検証、評価の機関とするのかどうか、というような検討課題がある。また、認証博物館を一級、二級と区分する基準の策定が必要だろう。

　分科会として提言を発出していない第22期が、ちょうど2011年の東北地方太平洋沖地震および津波、そして原発事故の災害によって被災した文化財、歴史資料などの迅速な洗浄修復、保存管理のためにレスキュー隊が組織された時期であった。

　そのレスキュー活動の経験を踏まえて、全国の博物館を地域ブロックごとに分け、一級認証博物館がハブ（中心）になって、二級認証博物館とのあいだに展示や研究や情報の交流など相互に支援する活動ネットワークを構築する。そのネットワークによって日本全体の博物館の活動の振興、機能強化、将来の発展（2019年ICOM京都大会の「文化的ハブとしてのミュージアム」理念の実現）を図ることを考えている。課題は、新規の認証申請館をどれだけ誘致できるかである。やはり、認証申請のメリット付加について議論する必要がある。ひとつ考えたのは、2002年にフランスで制定されたフランスの美術館の名称付与（ロゴマーク付き）、Appellation《Musées de France》という制度に倣って「日本の博物館 The Museum of Japan」の名称付与をするのはどうかということである。その名称付与によって、我が国および地方の文化観光の振興に寄与することを奨励する。それとともに、名称付与

を受けた館の専門職員で、既に学芸員資格を満たしていれば、国家資格の学芸員となれるというような施策を考えるべきだろう(5)。

　最後は、申請館側には、博物館の運営に関する資料、自己点検評価の改善措置の情報公開を義務として要求する。この情報公開は、第三者機関による認証や評価検証の際の有効な判断資料にもなるからだ。この情報公開については、2011年改正の「博物館の設置及び運営上の望ましい基準」第4条に書き込まれているのに、ほとんどの登録博物館が実行していない現状がある。(6)

　提言の(3)と(4)は学芸員資格制度の改正、および学芸員を研究者に認定する新制度設計である。

　(3)では、新たに大学院での学芸員養成科目・課程等の設置も念頭に置いて、一種学芸員（修士修了）と二種学芸員（学部卒）の種別を設けることを提案する。実は、第18期と19期の日本学術会議の報告（2002～2004年）で、学術資料を扱う専門職員、とくに修士課程修了以上の専門職員の確保・養成制度（シニア・上級学芸員）の必要性、同時に、2007年の「これからの博物館の在り方に関する検討協力者会議」でも学芸員養成課程の高度化・実務経験の充実のために大学院における専門教育の必要性が議論されているからだ。

　また、韓国は世界に類例のない日本の国家資格の学芸員制度に倣いながら、大統領令で、「学芸士」には「所管学芸士」試験によって一級正学芸士、二級正学芸士、三級正学芸士と準学芸士の区分を設け、我が国より体系的な整備をおこなっている。日本の博物館法に倣って、「博物館及び美術館振興法」（法律第4410号）を制定し、2004年にはICOM世界大会の招致を実現した韓国から、今度は学芸員制度について学ぶべきかもしれない。

　(4)の提言では以下の点を考えた。日本には学芸員を専門職員と見做す、ましてや研究者と認知する社会通念はない。一方、最初に言及した日本学術会議幹事会メンバーの「学部卒でなれる学芸員は研究者といえるか」という発言に端的に表れているが、研究者の定義も、実は曖昧である。現行の博物館法第4条第4項には、「学芸員は、博物館資料の収集、保管、展示及び調査研究その他これと関連する事業についての専門的事項をつかさどる」とある。そこで、この第4項を改正して、学芸員が業務の調査研究以外に、独創的な研究にも従事して博物館を通じて地域の活性化に貢献できるようにする。それによって、学芸員を研究者として見做せる法的な根拠を与えることも一案である。

　実際に、学芸員が研究者として活躍している実績のエビデンスを示すため

に「学芸員の科学研究費補助金申請・採択の現状把握のためのアンケート調査」
（2019年3月～4月：郵送104、及びWeb回答システム利用）を実施した。回答数86にす
ぎないが、集計した結果、研究助成金の獲得によって、安定した研究の継続が可
能となり、新しい知識を獲得して研究者としてのレベルアップができ、展覧会へ
研究成果を還元できたことが分かった。

　しかし、学芸員が研究者番号を付与されて科学研究費補助金申請ができるため
には、勤務する博物館が文部科学省から「研究機関指定」を得る必要がある。現
状では、博物館相当施設の国立館を含め、たった48館がその指定を受けているだ
けである。現行の「研究機関指定」要件は、ほとんどの博物館にはハードルが高
すぎるので、政府には柔軟な対応処置を講ずることを要望する。

　以上が、私見を交えた2020年提言の概要である。

注
1　これ以降については、
　　・第18期日本学術会議　学術基盤情報常置委員会、報告『行政改革と各種施設等独立
　　　行政法人化の中で学術資料・標本の管理・保存専門職員の確保と養成制度の確立に
　　　ついて』（2002年3月1日）
　　・第18期日本学術会議学術基盤情報常置委員会、報告『学術資料の管理・保存・活用
　　　体制の確立および専門職員の確保と養成制度の整備について』（2003年6月24日）
　　・第19期日本学術会議動物科学研究連絡委員会・植物科学研究連絡委員会、報告『自
　　　然史系博物館における標本の収集・継承体制の高度化』（2005年8月29日）
2　博物館法の見直し勧告は、①同法第12条の博物館登録の要件を廃止又は条例委任とす
　　る。②第21条の博物館協議会の委員の資格を廃止又は条例委任とする、というもので
　　あった。この勧告には設置基準の緩和が含まれていたことから、多数の学術団体等が
　　博物館の質が保証できなくなるとして意見や反対声明をだした。2009年11月24日に
　　筆者も美術史学会代表委員として「地方分権改革推進委員会の第3次勧告における博
　　物館法見直しに対する反対声明」（https://www.bijutsushi.jp/log/log-news-2009.htm）を
　　出した。そうした意見や反対声明に鑑み、同提言では次の3点が明記された。
　　(1) 博物館の存立に一定の質を担保しうる普遍性のある基準が必要である。
　　(2) 博物館があるべき質を保ちながら進化・発展するために、登録制度は必要である。
　　(3) 地方分権委員会のめざす「地方が主役の国づくり」において、博物館の役割はきわ
　　　めて重要である。
3　『ミュゼMusée』第126号、2020年12月25日、9頁。掲載は、京都国立博物館の栗原
　　祐司副館長のご尽力による。記して、同氏に感謝する。
4　本書付録Ⅰ。
5　現行の国家資格の学芸員の法的たてつけ（任用資格）では、学芸員は「任用の有無に
　　よる国家資格の不平等」下にあるといえる。国家資格の学芸員資格は、博物館法にし
　　か法的根拠はなく、登録博物館に任用された学芸員のみがその法的な根拠を有し、そ

の法的位置づけは社会教育機関の専門職員となる。大学等で学芸員養成課程を修了して卒業するか、または、試験認定で学芸員資格に合格した者が博物館相当施設や類似施設に雇用される限りは学芸員とは呼ばれないのは不平等である。相当施設や類似施設に勤務しても、学芸員になれる制度に改善するべきである。そうすれば、学芸員としての自覚が高まり、職務遂行および研究開発の意欲向上を図ることができるであろう。この私見については、拙稿「〈寄稿〉提言「21世紀の博物館・美術館のあるべき姿——博物館法の改正へ向けて」から考える今後の博物館制度の検討課題」『BELCA News』172号、2020年7月、60-65頁（特に63頁）も参照。

6　同第4条は、「博物館は、基本的運営方針に基づいた運営がなされることを確保し、その事業の水準の向上を図るため、各年度の事業計画の達成状況その他の運営の状況について、自ら点検及び評価を行うよう努めるものとする」とし、また、同条第4項に、「その点検及び評価の結果並びに運営改善の措置を、インターネットその他の高度情報通信ネットワーク（以下「インターネット等」という）を活用すること等により、積極的に公表するよう努めるものとする」として、これまでの運営と事業の水準を担保し向上させるように博物館に自助努力を促している。

7　植野浩三「韓国博物館の現状」『総合研究所所報』13号、奈良大学、2005年、57-74頁（http://repo.nara-u.ac.jp/modules/xoonips/download.php/AN10403791-20050300-1007.pdf?file_id=5317）同論文巻末の〈資料（翻訳）〉博物館及び美術館振興法」（全文改定1999. 2. 8法律　第5928号：改定2000. 1. 12 法律　第6130号）の第1章総則第6条（博物館・美術館学芸士）に、「①博物館及び美術館は大統領令に定めるところにより、第4条の規定による博物館・美術館事業を担当する博物館・美術館学芸士（以下「学芸士」という）を置くことができる。②学芸士は1級正学芸士、2級正学芸士、3級正学芸士および準学芸士に区分し、その資格制度の施行方法・節次などに関して必要な事項は大統領令で定める。③学芸士は国際博物館協議会の倫理綱領と国際協約を遵守しなければならない」とある。

8　研究機関指定を得るための現行の基準（「科学研究費補助金取扱規程第2条第1項第1号及び第4号並びに同条第4項の機関の指定に関する要項」）によると、博物館には、およそ以下の5要件を満たすことが必要である。
　(1) 学芸員が科学研究費補助金を受け取って研究を行うことに対して博物館の支援、研究計画の立案、発表、学会等への参加の自由があること。
　(2) 博物館に管理系と独立した研究系（学芸課など）の組織が存在していること。
　(3) 常勤の学芸員の原著論文発表数とその掲載誌等の評価。
　(4) 学芸員の1人当たりの研究費が年間36万円以上であること。
　(5) 科学研究費補助金の管理等の事務が機関の事務組織の所掌事務に必ず位置づけられていること。
特に、大まかに調査した限りでは、(4)と(5)の要件が博物館にとっては特に高いハードルであるといわれている。2002年3月30日「学芸員の科学研究費代表申請資格に関する文部科学省との交渉についての報告」（美術史学会学会活動報告——委員会報告（bijutsushi.jp））には、(4)に関しては、「研究費という独立した費目がない場合に、美術館予算の中で何を研究費と見るかについては、申請者の作成した書類に基づき個別に判断していく」と同省の回答がある。

文化審議会博物館部会における
博物館法改正の検討から

佐々木 秀彦
（東京都歴史文化財団事務局企画担当課長）

1. はじめに

　文化審議会博物館部会のもとに、「法制度の在り方に関するワーキンググルー
プ」(以下「WG」とする)が2021年2月に設置された。部会とWGの委員は次頁の
とおりである。WGは月2回のペースで検討し、3月24日に博物館部会に対し、中
間報告をおこなった。これをへて検討をとりまとめ、文化庁は庁内及び関係部局
と調整し、2022年の法改正をめざしている。わたしは博物館部会及びWGの委員
として検討に参画している。この立場をふまえ、実際にどのような検討がされて
いるか報告したい。

　なぜいま博物館法改正なのか。WGの中間報告では、博物館法制度は、実態か
らの乖離と改正の必要性がいわれてきた、とする。2008年に社会教育法等の一部
を改正する法律案が成立した際にも、参議院文教科学委員会の附帯決議において、
登録制度の見直しの必要性が指摘されている。

　2017年に公布・施行された文化芸術基本法は、文化芸術の固有の意義と価値を
尊重しつつ、文化芸術そのものの振興にとどまらず、観光、まちづくり、国際交
流、福祉、教育、産業その他の関連分野における施策を本法の範囲に取り込むと
ともに、文化芸術により生み出される様々な価値を文化芸術の継承、発展及び創
造に活用しようとするものであった、とする。

　こうした流れをうけ、博物館においても、期待される役割が多様化・高度化す
る一方で、そのような活動を支える資金・人材・施設等の基盤が弱体化しつつあ
る、とする。そして、このような状況の中、今後の博物館行政の基盤となる法制
度の在り方が、改めて問われている、と中間報告ではいう。

1. 法改正の意義

　改正を議論する前提として、現行の博物館法制度の意義を確認しておきたい。
その最大の意義は、戦後、全国に博物館を設置する後押しをしたということだ。
博物館法が制定されたのは1951年である。文部省等の調査によれば、1951年の
公立博物館は57館、私立博物館は145館、合計202館であった。[(1)]それが今や5,738

文化審議会第2期博物館部会委員

（正委員）
島谷 弘幸　　九州国立博物館館長　　※部会長
宮崎 法子　　実践女子大学教授
（臨時委員）
出光 佐千子　出光美術館館長
伊藤 誠一　　岐阜県美濃加茂市長
浦島 茂世　　美術ライター
逢坂 恵理子　国立新美術館館長
太下 義之　　同志社大学教授
川端 清司　　大阪市立自然史博物館館長
小林 真理　　東京大学教授
佐々木 秀彦　東京都歴史文化財団事務局企画担当課長
髙田 浩二　　海と博物館研究所所長、前マリンワールド海の中道館長
浜田 弘明　　桜美林大学教授、全日本博物館学会副会長　　※部会長代理
半田 昌之　　日本博物館協会専務理事
古田 亮　　　東京藝術大学美術館准教授

文化審議会第2期博物館部会　法制度の在り方に関するワーキンググループ委員

青木 豊　　　國學院大學教授
内田 剛史　　早稲田システム開発
小林 真理　　東京大学教授
佐久間 大輔　大阪市立自然史博物館学芸課長
佐々木 秀彦　東京都歴史文化財団事務局企画担当課長　　※座長代理
竹迫 祐子　　岩崎千尋記念事業団事務局長、ちひろ美術館主席学芸員
塩瀬 隆之　　京都大学総合博物館准教授
浜田 弘明　　桜美林大学教授、全日本博物館学会副会長　　※座長
原 眞麻子　　東京都教育庁地域教育支援部管理課課長代理
半田 昌之　　日本博物館協会専務理事

館である。高度経済成長、バブル経済の波にのり実現したことではある。だが、博物館法制度という根拠があったゆえの設置であった。
　博物館法制度の柱は登録制度と学芸員制度である。登録制度により必要最低限の要件をそなえた施設の設置をうながした。また、学芸員制度により博物館活動の中核を担う専門的職員の配置がなされた。国家資格による「学芸員」という職種を世の中にうみだした。現行の博物館法は、日本社会に広く博物館という機関

の設置をうながす法制度であった。

　博物館は、いまや全国に津々浦々に建ち、新規に開館する施設は限られている。新たに博物館を設置することよりも、すでにある博物館を持続可能とすること、より適切に運営することが課題となった。

　だが、現行の博物館法制度は、持続可能な運営をうながすような役割を果たしていない。法制定から70年が過ぎた。当時とは教育委員会制度や大学における専門職養成の状況が異なっており、実態との乖離がはなはだしくなった。博物館法制度を設置のための仕組みから、持続可能な運営をうながす仕組みに再構築することが課題である。博物館の定義や事業といった基礎や土台を大きく変える必要はない。だが、登録制度や学芸員制度といった柱はガタガタだ。一度壊して新しく建て替えることはないとしても、大がかりなリフォームが必至である。

　法律をかえるということは、新しい現実をつくるということだ。博物館法を改正して、どのような現実をつくるのか、その新しい現実は、国民にとって何をもたらすか。法改正を議論する際には、このような視点が欠かせない。リフォームをして、どれだけ住み心地がよい家になるのか、明確なイメージをを共有する必要がある。

　教育基本法の改正を機に、2008年に博物館法改正がおこなわれた。このときは抜本改正はならず、部分改正にとどまった。新聞は「博物館法改正、期待外れ」と報道した。このときは博物館法の改正は国民にとって何をもたらすのか。そうした大きな視点をうちだすのは十分ではなかった。部分改正にとどまったのは国民にむけた明確なメッセージを打ち出せなかったことも一因ではないか。

　今回の法改正の議論でどんなメッセージを打ち出すのか。博物館が十全に公共性をもち公益性を最大限に発揮する、それを後押しをする法制度への再構築だ。つまり、博物館の「底上げ」と「盛り立て」による社会への貢献、これをうながす仕組みづくりだ。

　「底上げ」とは、具体的には登録審査の過程をつうじて、公益性・公共性を発揮しうるのにふさわしい要件をそなえるということだ。また、学芸員になろうとする人のミュージアム・リテラシーを今まで以上に高め、博物館の役割を十全に発揮するということだ。「盛り立て」とは、登録された博物館は、補助金等の各種支援策に手をあげる資格を得られるようにして、経営資源の充実つなげる、ということだ。養成制度についてこれまでの発想を拡げて専門職にとどまらず、博物館にかかわる人に裾野をひろげることをめざす。

2. 登録制度の見直し

　WGによる中間報告における登録制度見直しの方向性は、博物館の運営を改善、向上させることを基調としている。審査基準の設定、審査の主体・プロセス、更新などである。見直しの要点は次のとおりだ（下線は原文のまま）。

（制度の理念と目的）

○登録制度・相当施設の指定は、博物館が公共的活動を行うための基本的な要件を備えているかどうかを審査することを通じて、博物館の基本的、公共的な機能を確保するための制度であった。

○新しい制度は、このような公的支援の対象としての枠組みを明確にすることに加えて、審査と登録を通じて、各館が自らの活動と経営を改善・向上していくことを促進し、選別や序列化ではなく「底上げ」と「盛り立て」を行うことにより、博物館の発展に寄与するものであるべきである。

○登録又は相当施設の指定を受けていない施設に対しても、申請を促す支援策を検討する必要がある。

○国民にとってこの趣旨がより明確となるよう、「認証」や「認定」といった適切な名称の検討やその明示、積極的な広報活動を行うことが望まれる。

（制度の対象範囲）

○設置者の法人類型による制限をできる限りなくし、現在登録制度の対象外となっている国・独法、大学、地方独法、株式会社等についても広く対象とするべきである。

○博物館として、一定のレベルで公益性を担保する必要があることから、審査基準には、このような公益性の観点を盛り込む必要がある。

（審査基準）

○博物館の活動の質や健全な経営を担保するため、現行制度の外形的な審査から、博物館としての機能や実質的な活動を評価するものへと転換すべきである。

○今後、日本博物館協会において具体化が行われた共通基準案を基礎としつつ、共通基準案及び館種別の特定基準案について、更なる検討を進めてい

く必要がある。

（審査主体・プロセス）

○博物館への指導・助言、地域の状況に応じたきめ細かい対応や、各地域における他の行政分野との連携という観点から、審査・登録（認証）は引き続き国及び都道府県・指定都市教育委員会が担う必要がある。

○一方で、専門的・技術的な見地からの審査が求められる内容については、審査基準のばらつきや審査の形骸化を防ぎ、専門性を担保するため、第三者性をもった専門家組織（以下、「第三者組織」という。）が一定の関与を行う在り方を検討すべきである。

（更新と評価）

○審査時の状態が維持されていることを確認し、活動と経営の向上を図るため登録（認証）の更新制の導入を行うべきである。

○10年程度を想定する。ただし、指定管理者制度との関係等も考慮し、設置者及び教育委員会の判断による柔軟な運用も可能とすることが望ましい。

（連動した博物館振興策）

○制度改正を行う前提として、登録（認証）されることにより得られるメリットをできる限り拡充することが極めて重要である。

○全ての登録施設に対するメリットは、大きく①予算事業や地方交付税における支援の拡大、②税制上の優遇、③他の法令体系と連動した振興策に分類されるが、今後、関係団体等から広く意見を聴取しつつ、具体的な振興策をひとつひとつ検討していく必要がある。

○新たな視点からの振興策として、博物館が抱える課題が多様化、複雑化している一方で、各館に配分される資金や人材等のリソースが伸び悩み、あるいは縮小している現状において、複数の館を結び付けるネットワークを形成し、リソースやノウハウを共有することによって課題に対応していくための仕組みを提案する。

○ネットワークの形成による振興については、今後、その対象とする分野や支援内容について、具体的な検討が必要である。

【分野のイメージ】

・地域（県域、地域等）

・館種・資料（総合、歴史、郷土、自然史、科学、美術、動物園、水族館等）

・基本的機能（保存修復、ドキュメンテーション、防災、調査研究、教育、市民参

画等）
・現代的課題（観光、国際交流、地域振興・まちづくり、社会的包摂・福祉、デジタル化等）

　今後、詳細な制度設計をつめていくにあたり、法制上の整理や関係省庁と調整するとともに、地方公共団体や多様な館種・規模の博物館、関係団体・組織へのヒアリング等を通じて検討することになる。

3. 学芸員制度の見直し

　学芸員制度について、WGの中間報告では見直しの方向を具体的にしめしていない。「学芸員として活躍する者を支援し、その活動を充実していくことの重要性は論を俟たないところであるが、その手法については、拙速な議論を避け、一定の時間をかけた慎重かつ包括的な検討が必要であるとの意見が多く出された」としている。

　今後の議論にむけて、学芸員制度見直しの私案をしめしておきたい。この私案は学術会議のシンポジウムとWGで提起した内容だ。見直しの趣旨は、学芸員という職種をうみだし、配置をうながした養成制度から、持続可能な運営体制に寄与する養成制度への転換である。

　学芸員をはじめとして博物館にかかわる人のミュージアム・リテラシーを高め、多様な人材で博物館の運営を担う。専門職としての学芸員の養成をより着実におこなえるよう、「館種別ミュージアム・ベイシックスの習得」をめざす養成制度とする。そして、これまでの発想を拡げて専門職の養成にとどまらず、博物館にかかわる人の裾野をひろげることをめざして養成制度を見直す。登録制度の見直しにならえば、以下に示す(1)の職員・関係者の養成が「盛り立て」で、(2)の専門職の養成が「底上げ」である。

⑴職員・関係者の養成

　まず、博物館にかかわる人の裾野をひろげることを目的とした養成の仕組みをつくる。博物館という機関の基礎的な理解、つまりミュージアム・リテラシーを習得する人材を養成する。大学の学部や短大で博物館に関する基礎科目を履修し

たら、「(仮称) 博物館士」の称号を名乗れることとする。基礎科目は、4科目8単位程度とする。科目は、生涯学習概論もしくは文化政策概論、博物館概論、博物館機能論 (新設)、博物館基礎実習 (主に見学) といった、異なる館種にも汎用性のある基礎的な内容とする。

基礎科目を履修し、「(仮称) 博物館士」の称号をもつ者は、博物館職員 (学芸系、管理系を問わず) やアルバイトの採用で優遇される、あるいは博物館活動の関連事業者 (案内、展示制作、資料管理システム等) として従事する、博物館の支援者 (市民学芸員、ボランティアといったサポーター、パートナー) として関わりやすくするといった運用をおこなう。

なお、「(仮称) 博物館士」の導入にあわせて、現行の学芸員補の資格は廃止する。学芸員補は高校卒業のレベルで博物館で学芸業務に従事すれば自動的に与えられる資格だ。養成の仕組みを欠いている。大学の進学率が5、6%の時代に現実味があった仕組みであり、大学進学率が55%ほどとなった現在、その役割はおえている。

「(仮称) 博物館士」の養成は、現行の学芸員養成の仕組みを最大限にいかす。博物館に関する科目を基礎的科目に絞り込み、より多くの人が履修しやすいようにして、「(仮称) 博物館士」の数を増やしていく。単位取得者は年間1万人といわず、間口をひろげ2万人、3万人でもよい。博物館に主体的に関わる人を増やしていく。

「(仮称) 博物館士」のように単位取得や講座履修で、称号を付与する仕組みは、社会教育主事の資格制度で実現している。2018年の文部科学省令の改正 (施行は2020年) で、社会教育主事の大学の養成課程の単位取得者および社会人向けの講習の履修者は「社会教育士」の称号を名乗れるようになった。社会教育主事は任用資格であり、教育委員会からの発令がなければその職務につくことはできない。大学で単位を履修した場合、1年間の実務経験を経て資格がみとめられる。社会教育士は任用資格ではなく、実務経験も問われない。社会教育主事養成の知見をいかし、地域活動、市民活動にたずさわる人材だ。

(2) 専門職の養成

専門的職員である学芸員にはどんな資質が必要か。博物館法第4条第4項に、学芸員は専門的事項を「つかさどる」とある。「つかさどる」ために、どんな資質がもとめられるか、これが問われる。その中身は「館種別ミュージアム・ベイシックスの習得」であると考える。具体には、「事 (コト) の専門性」、「物 (モノ)

の専門性」、「場（バ）の専門性」の3つだ。「事（コト）の専門性」は、博物館があつかう専門分野に関する知見だ。美術史、歴史学、自然史学、科学、生物学など、館種に応じた学問分野の専門性である。「物（モノ）の専門性」は、専門分野の資料を取り扱う経験である。この専門性は実務経験をとおしてつちかわれる。そして「場（バ）の専門性」である。これは博物館学の知見だ。

　3つの専門性をどのように習得するのか。大学の学部卒の場合、学部で博物館に関する基礎科目を履修したうえで博物館に就職して、「（仮称）博物館士」として学芸業務に3年間従事する。その間に実務経験をとおして「事（コト）の専門性」を確立する。担当する展覧会の図録、紀要にのせた論文、調査研究報告書、資料目録等で自身の「事（コト）の専門性」を証明する。「物（モノ）の専門性」は、学芸業務に3年間従事することで自ずと身につく。「場（バ）の専門性」は、博物館に関する専門科目の単位を取得することとする。現行の博物館に関する科目から、基礎科目をのぞいた8科目16単位程度を博物館に関する専門科目とする。具体的に想定すると、博物館経営論、博物館資料論、博物館資料保存論、博物館展示論、博物館教育論、博物館地域社会論（新設）、博物館情報・メディア論だ。これらの科目を博物館の業務に従事しながら3年間のあいだに単位を取得することになる。職場の理解と組織的な支援体制が必要だ。

　大学院修士修了者の場合、「事（コト）の専門性」は修士課程で学んだ専門分野の修士号の取得とする。専攻分野のアカデミック・トレーニングを受け、一定の研究成果を出したという証左である。「物（モノ）の専門性」は、修士課程に在籍中に、半年から1年程度の博物館現場でインターンシップを経験することとする。この間に資料を取り扱って博物館業務をおこなう。「場（バ）の専門性」は、博物館に関する専門科目の単位を取得することである。

　博物館に関する専門科目については、学部卒、修士修了をとわず、専門分野に即した授業内容がもとめられる。これは養成科目を開設する大学側の姿勢となる。館種を問わない内容で漠然と開講するのではなく、人文系（歴史、美術等）、自然科学系（自然史、科学等）、生物系（動物、水族、植物等）と対象を絞った内容で授業を組み立てる。同じ資料保存論といっても美術品と化石、生きた魚では扱いがまるでちがう。

(3) 専門職の実績認定

　学芸員のより高度な専門性の認定は、法制度としては位置づけない。国家資格

による階層化は、博物館の現場にとまどいをもたらすだけである。大きなメリットが見いだせない。資格の付与ではなく、専門組織による専門職の実績を認定する仕組みを整える。類縁機関には、国立公文書館によるアーキビスト認証制度、日本図書館協会による認定司書事業がある。これらを参照して、「（仮称）認定学芸員」の制度をつくってはどうだろう。認定機関は、登録制度の見直しで提起されている「第三者組織」とするというのも一案だ。

　以上のような私案が今後議論を深めるための素材としてお役に立てば幸いである。

注
1　伊藤寿朗「総論編　第二章　日本博物館発達史」伊藤寿朗・森田恒之編著『博物館概論』学苑社、1978年、154頁

ユネスコ博物館勧告・ICOM規約（博物館定義）から見た 日本の博物館法

井上 由佳

（明治大学専任准教授）

はじめに

　日本の博物館法が施行されて70年経った現在、文化庁を中心に博物館法を見直す動きが出ている。改正の動きに合わせて本稿では、博物館の国際的な潮流について、主に2つのユネスコ博物館勧告（1960年、2015年）と現在進行形で進められているICOM（国際博物館会議）博物館定義（規約）改正に関する議論について、そのポイントを紹介するとともに、日本の博物館界に向けたメッセージを最後にまとめたい。

1．博物館の国際的潮流

　ユネスコ（UNESCO）や博物館の専門家団体であるICOMは、現代の博物館をどのような存在と捉え、何を求めているのだろうか。2つの勧告とICOM定義改正の議論からその潮流を見ていきたい。

⑴ 1960年「博物館をあらゆる人に開放する最も有効な方法に関する勧告」

　ユネスコに関係する法令としては、憲章、条約、勧告、宣言の4種類がある。本節で取り上げる「勧告」（Recommendation）については以下、文部科学省日本ユネスコ国内委員会のウェブサイトにある説明を引用したい。

勧告（Recommendation）
ユネスコで採択される勧告は、「国際連合教育科学文化機関憲章第4条4に規定する加盟国に対する勧告及び国際条約に関する手続規則」第1条 (b) では、「特定の問題の国際的規制のための原則及び基準を総会が定め、かつ、加盟国に対してその原則及び基準が自国の領土内で適用されるために必要な立法上その他の措置をその国の憲法上の慣行及びその問題の性質に従つて高ずるように勧奨する」ものと定められており、国内の法令等に準拠する範囲内で加盟国においてその内容を実践するよう要請されるものですが、「条約」とは違って「受諾」等の手続はなく、法的拘束力はありません。

しかしながら、ユネスコにおいて踏むべき手続については、「条約」に準じ、それをユネスコの総会の議事案として附議するまでには、「条約」と同様の手続が踏まれます。（同規則第2条以降参照）

また、ユネスコ総会の場において、上記の「条約」として国際的に規制すべき内容であるかどうかについて審議された結果、「条約」作成を前提としていた案件が「勧告」となることもあります。（同規則第6条、第13条）

「勧告」の採択は、「条約」とは違い、過半数の投票で採択されたものとされます。（同規則第12条）ただし、この採択で賛成票を投じたとしても、その加盟国にその「勧告」を履行するような拘束力が生まれるわけではありません。このようにして採択された「勧告」は、「条約」と同様、内閣での閣議請議を求めた上、内閣総理大臣から、両院議長あてに提出され、国会においてそのような「勧告」が採択された旨を、国会に報告することとされています。

ただ、上記のとおり、「勧告」には、「批准／受諾／承認」等の手続はなく、国会に報告されたからといって、法的拘束力が生じるものではありません。[1]

上記にあるように「勧告」は条約のような法的拘束力を持たない。ゆえにユネスコ加盟国は、勧告を自国に最適な形で柔軟に適応させていくことができる。法的拘束力を持たないことから、その効力が懸念される一方で、得てして時間のかかる国内法の整備を待たずに、臨機応変に政策や事業に勧告を反映させていくことができるメリットもある（林、2019）。加盟国の博物館行政はその体制、予算規模、抱えている課題も一様ではないことから、フレキシブルな対応を可能とする「勧告」という形が選択され、1960年と2015年のユネスコ総会でそれぞれに採択されたのである。「宣言」（Declaration）も勧告と同様に法的拘束力を持たず、批准等の手続きもないが、「全世界的な原則を定めようとするために適宜、ユネスコ総会にて決議されるもの」（日本ユネスコ国内委員会、2021）とされている。

1960年の第11回ユネスコ総会で採択された「博物館をあらゆる人に開放する最も有効な方法に関する勧告」は、フランスの発議から検討がはじめられたもので、その背景には当時のヨーロッパ諸国のミュージアムの利用者が、いわゆる白人の中流階級以上の人々に偏っているという実態を問題としたことにある。この勧告の構成は、前文、Ⅰ定義、Ⅱ一般原則、Ⅲ博物館における資料の配置と観覧、Ⅳ博物館の広報、Ⅴ地域社会における博物館の地位と役割となっている。

本勧告の前文には、

人種・性又は経済的・社会的差別なしに、教育の機会均等の理想を推進せ
　　しめるため人々の間に協力を醸成することにより、人々の間に相互理解を増
　　進するための仕事に協力し、且つ知識を保存し、増大させ、さらに普及する
　　ことであることを考慮し、
　　　博物館はこの課題の達成に効果的に貢献しうることを考慮し、
　　　あらゆる種類の博物館は娯楽と知識の根源であることを考慮し、(略)

とある。ここから見てもわかるように、1960年勧告の1つ目のポイントは「人々
の教育の機会均等」と「人々の間の相互理解の増進」である。富める者にしか教
育の機会が与えられないような社会であってはならない、それは博物館利用にお
いても同様であると考えられたのである。
　この点は前文の後半で「国民のあらゆる階層、特に勤労階級に博物館を利用せ
しめるよう奨励するため(略)」と述べられているように、2つ目のポイントである
「あらゆる階層、なかでも勤労階級の利用奨励」のための働きかけが明確に述べら
れている。このポイントは勧告のタイトルとなっていることからも、当時はいか
に「あらゆる人に博物館を開放」していくことが重要であったかが読みとれる。
　次に1960年博物館勧告における博物館の定義を紹介したい。

I　定義

　1.　本勧告の趣旨にかんがみ、「博物館」とは、各種方法により、文化価値を
　有する一群の物品ならびに標本を維持・研究かつ拡充すること、特にこれら
　を大衆の娯楽と教育のために展示することを目的とし、全般的利益のために
　管理される恒久施設、即ち、美術的、歴史的、科学的及び工芸的収集、植物
　園、動物園ならびに水族館を意味するものとする。

　この定義を見る限り、この勧告より9年早く策定された日本の博物館法の定義
とほぼ同義であることがわかる。ユネスコにとって重要なキーワードである「文
化」と「教育」は含められている。「II一般原則」では加盟国が博物館に対して適
切な措置を取ることを述べており、「III博物館における資料の配置と観覧」では展
示を多くの人々にアクセシブルにすること、入場料は無料とすること、夜間開館
の推奨など、具体的な指針が示されている。
　勧告の「IV博物館の広報」では、この目標を達成するために観光事業者（Tourist

Services）と連携し、より多くの人々が気軽に博物館に足を運べるようにするような環境づくりも提唱されている。しかし、勧告が求めている観光産業とのつながりは、より多くの人々に足を運んでもらうために観光事業者との連携を考えているのであって、観光業の活性化のために博物館を利用することではない。近年、日本の官公庁は訪日客の誘致を想定し博物館を観光資源にしていく動きを見せているが（日本経済新聞、2017年7月10日朝刊）、博物館本来の機能をないがしろにして観光資源化していくことは本末転倒であると指摘しておきたい。

「Ⅴ 地域社会における博物館の地位と役割」では、博物館は、地域の知的・文化的中枢となること、博物館が学校教育及び成人教育（生涯学習）と連携し、それを促進させることが述べられている。なかでも学校との連携については、各館にキュレーターの監督のもとに教育の専門家を置くことを示している。キュレーター任せではなく、エデュケーターのような専門職を置いて博物館の教育プログラムを運営していくことの意義が、日本をはじめとする各国の博物館界で1960年以降に広まっていたならば、今とは違った発展を遂げていたかもしれない。日本でこの勧告がほとんど普及されなかったことは、博物館界にとって痛手と言える。

⑵ 2015年「ミュージアムとコレクションの保存活用、その多様性と社会における役割に関する勧告」（ICOM日本委員会訳）

2015年のユネスコ博物館勧告は実に55年ぶりに採択された。2021年3月時点で、この勧告の仮訳として公開されているものが2バージョンある。一つはICOM日本委員会が翻訳したもので「ミュージアムとコレクションの保存活用、その多様性と社会における役割に関する勧告」、もう一つが文部科学省のサイトに掲載されている「博物館及びその収集品並びにこれらの多様性及び社会における役割の保護及び促進に関する勧告」である。これは双方のコミュニケーション不足から生じた事態であると聞くが、博物館の関係団体と官庁との関係性の改善が望まれる。これまでに文科省サイトに掲載された勧告等の仮訳は、誰がどのようなプロセスで訳したものなのか不明な場合が多い。今回のICOM日本委員会訳は訳者名・監修者名ともに公開されており、民主的なプロセスで翻訳された経緯から、本稿ではこちらを採用する。

まずは本勧告のイントロダクションをみていきたい。

1. 文化及び自然の**多様性の保護と振興**は、21世紀における主要な課題であ

る。この観点から、ミュージアムとコレクションは、自然と人類の文化の**有形無形の証拠を安全に守る**ための、最も重要な機関である。

2. ミュージアムはまた、文化の伝達や、文化間の対話、学習、討議、研修の場として、教育（フォーマル、インフォーマル、及び生涯学習）や社会的団結、**持続可能な発展**のためにも重要な役割を担う。ミュージアムは、文化と自然の遺産の価値と、すべての市民がそれらを保護し継承する責任があるという市民意識を高めるための大きな潜在力を保持する。ミュージアムは経済的な発展、とりわけ文化産業や創造産業、また観光を通じた発展をも支援する。　　　　　　　　　　　　　　　　　　（太字筆者挿入）

　本勧告では文化のみならず、自然の遺産、さらには有形無形遺産の両方をその対象として含まれているのが第一のポイントである。これにより、ミュージアムの壁を越えて存在するものも次世代に伝えていく価値のあるものとされた。それは本勧告の対象がミュージアムだけではなく、個人や企業などが所有する「コレクション」そして世界遺産などに代表されるような「遺産」も含まれていることもその特徴である。

　2015年ユネスコ博物館勧告の概要は以下の通りである。

Ⅰ．ミュージアムの定義と多様性
Ⅱ．ミュージアムの主要機能
　　「保存」「調査（研究調査）」「コミュニケーション」「教育」
Ⅲ．社会におけるミュージアムにとっての課題
　　「グローバル化」
　　「経済およびクオリティ・オブ・ライフとミュージアムの関係」
　　「社会的な役割」
　　「ミュージアムと情報通信技術（ICTs）」
Ⅳ．政策

　次に「Ⅰ．ミュージアムの定義と多様性」、「Ⅱ．ミュージアムの主要機能」について触れたのち、「Ⅲ．社会におけるミュージアムにとって課題」の中の「経済およびクオリティ・オブ・ライフとミュージアムの関係」と「社会的な役割」について述べていきたい。

I．ミュージアムの定義と多様性

4．当勧告において、**ミュージアム**という語は、「社会とその発展に奉仕する非営利の恒久的な施設で、公衆に開かれており、教育と研究と娯楽を目的として人類と環境に関する 有形無形の遺産を収集し、保存し、調査し、伝達し、展示するもの」と定義される。したがって、ミュージアムは**人類の自然的・文化的な多様性を表象すること**を目的とし、**遺産の保護や保存そして伝達**においてきわめて重要な役割を果たす機関である。

（太字筆者挿入）

本勧告の定義はICOMの現在の定義を踏まえたものとなっており、齟齬は見られない。今後、ICOM定義の見直しがされることから、この勧告がどの程度反映されるのか注目したい。このミュージアムのあとに「5．コレクション」と「6．遺産」の定義が続く。

「Ⅱ．ミュージアムの主要機能」では「保存」「調査」「コミュニケーション」「教育」の4つの項目が挙げられている。前の勧告には一切含まれなかった「保存」がミュージアムの主要機能と明示されたことは、現在も人災・天災から文化・自然遺産を守る必要性が高いからである。「教育」を「コミュニケーション」に含まず、あえて別個に主要機能として示されたことにも意味がある。それは持続可能な目標（SDGs）などを達成するためには、ミュージアムの教育機能が重要な役割を持っているからである。林（2019）によれば「幅広い教育機関との連携、インフォーマル・生涯教育の場としてのミュージアムは、一方で現在紛争によって危機に瀕している遺産保存の重要性について豊かな学びを提供する場であり、批判精神、他者への共感、理解といった能力をミュージアムが育てることができるというメッセージが込められている」（93頁）と指摘している。

「Ⅲ．社会におけるミュージアムにとっての課題」の「経済およびクオリティ・オブ・ライフとミュージアムの関係」の14項では、ミュージアムが経済的な活動や収入を生む活動が可能なことを加盟国が認識するべきであり、観光経済とも関連し、地域社会や地方のクオリティ・オブ・ライフの向上にも貢献していると述べている。これは近年日本でもミュージアムの観光資源化が議論されていることからも、無縁の話ではない。ただし、ここで重要なのは15項で「ミュージアムの主要機能を損ねてまで、収入の創出に高い優先度を与えるべきではない」としている点である。ミュージアムがその機能を果たす中で、その取り組みが人々に魅

力的と映り、結果として多くの観光客が足を運ぶことは大いに歓迎するべきことである。しかし、大勢の観光客をとにかく呼び込むために、例えばキャッチーな展示ばかりを公開するといった「収益」を優先させるミュージアム運営は慎むべきだろう。

　次にミュージアムの「社会的役割」の項目である。16項では「加盟各国は、1972年のサンティアゴ・デ・チレ宣言で強調された、ミュージアムの社会的役割を支援するよう奨励される。ミュージアムは、あらゆる国でますます、社会において鍵となる役割を担うものとして、また、社会的統合と団結のための要素と認識されている。この意味においてミュージアムは、不平等の拡大や社会的絆の崩壊につながるような大きな変革に直面する際に共同体を支援することができる」とある。これは換言すると「ミュージアムは現代社会における市民同士のつながり、統合性を促進し、万人に開かれた議論の場であり、人権、男女共同参画などの社会的課題の解決に寄与する」ことである（林、2019、94頁）。2020年1月以降、世界を襲ったCOVID-19であるが日本もその例外ではなく、コロナ禍において人々の孤立が社会問題として認識されはじめている。こうした課題に対しても、ミュージアムは貢献できることを理解しておきたい。さらに17項では、「(略)ミュージアムはまた、人権とジェンダーの平等への敬意を育むべきである」と述べられている点も、日本のミュージアムは耳を傾ける必要があるだろう。18項では、先住民族の文化遺産の取り扱いについて述べられており、昨年、北海道にオープンした国立アイヌ民族博物館をはじめ、日本でも考慮すべき方針が出されている。

(3) ICOM博物館定義の改定に伴う議論（2017年〜現在）

　2017年1月以降、ICOMでは専門の委員会を立ち上げ、ICOM規約（定義）の見直しについて議論を積み重ねてきた。2007年のICOMウィーン大会で採択された定義は以下の通りである。

　　博物館とは、社会とその発展に貢献するため、有形、無形の人類の遺産とその環境を、教育、研究、楽しみを目的として収集、保存、調査研究、普及、展示する公衆に開かれた非営利の常設機関である。

この定義にはユネスコ博物館勧告に含まれる、文化、多様性、自然、遺産、コ

レクションといったキーワードが含まれていない。2年以上に及び議論を経て、2019年7月22日に最終版の新博物館定義案として発表されたものは、次の通りである（ICOM日本委員会仮訳）。

> 博物館は、過去と未来についての批判的な対話のための、民主化を促し、包摂的で、様々な声に耳を傾ける空間である。博物館は、現在の紛争や課題を認識しそれらを対処しつつ、社会に託された人類が作った物や標本を補完し、未来の世代のために多様な記憶を保護するとともに、すべての人々に遺産に対する平等な権利と平等な利用を保証する。
>
> 博物館は営利を目的としない。博物館は開かれた公明正大な存在であり、人間の尊厳と社会正義、世界全体の平等と地球全体の幸福に寄与することを目的として、多様な共同体と手を携えて収集、保管、研究、解説、展示の活動、ならびに世界についての理解を高めるための活動を行うものである。

この新定義案の中にも、ユネスコ博物館勧告で示されているキーワードが登場しない。この定義案は2019年9月のICOM京都大会において議論を経た結果、採択は延期され、改めて新定義を検討することとなった。大会での議論や経過を見ても、内容について異論があるというよりはむしろ、この定義案を各国メンバーの間で咀嚼して検討する時間がほとんどなかったこと、社会的な課題に博物館が積極的に向き合うという博物館観が相克したと考えられている（松田、2020）。既に英語圏の博物館学では10年以上前から「博物館は現代社会が抱える様々な課題——多文化共生、移民、ジェンダー、LGBTQ、貧困、犯罪、戦争や紛争、環境破壊や気候変動など——に積極的に関与していくべきだ」（松田、2020、26頁）と考えられており、これは受け入れられつつあるが、全ての国・地域に浸透した博物館観とはいえない。今後、どのようなICOM新定義案が提案されるのか、ICOM日本委員会や国際委員会を通して積極的に働きかけながら、日本の博物館にもふさわしい定義を検証していく必要があるだろう。

2. 日本の博物館界に向けて

日本の博物館界は博物館の国際的な潮流をもっと意識して動いていく必要があ

るのではないか。2つのユネスコ博物館勧告を日本はどのくらい現場に取り込ん
できただろうか。井上（2019）の研究調査では1960年ユネスコ博物館勧告は日本
国内にほとんど影響力を持たなかったことが判明している。その証拠として1962
年に文部省社会教育局がユネスコ事務局に提出した勧告履行報告書では、カナダ
が5頁、イタリアが4頁に渡る詳細な報告文を提出したところ、文部省の博物館
に関する回答はわずか7行であった。60年後の今日、同じ轍を踏んではならない
と考える。

　日本の博物館行政については、2015年ユネスコ博物館勧告やICOM博物館新定
義で示されている博物館像と矛盾したり、足かせとなったりするような体制は避
けるべきだろう。そして何よりも、市民の博物館への意識を高め、博物館が人々
にとり必要不可欠な存在とみなされることが望まれる。コロナ禍において「不要
不急」の外出は控えるようにと叫ばれ、博物館も「不要不急」先として扱われる報
道が目立っていたが、博物館を「必要不急」そして「いつでも・どこでも」人々
がその恩恵を享受できる存在にしていかねばらないことを最後に提言したい。

注
1　文部科学省日本ユネスコ国内委員会ウェブサイト（https://www.mext.go.jp/unesco/012
　　/001.htm）より引用、2021年3月アクセス

参考文献
井上由佳「第2章　1960年ユネスコ博物館勧告と日本の博物館」栗原祐司他著『ユネスコ
　　と博物館』雄山閣、2019年、35-62頁
栗原祐司「ICOM京都大会と今後の我が国の博物館」『別冊博物館研究「ICOM京都大会
　　2019特集」』2020年、18-21頁
「博物館・美術館を観光資源に　観光庁、文化庁と組む」『日本経済新聞』2017年7月10日
　　（https://www.nikkei.com/article/DGXLASFS10H39_Q7A710C1PP8000/）
林奈央「第3章　2015年ユネスコ博物館勧告採択の経緯」栗原祐司他著『ユネスコと博物
　　館』雄山閣、2019年、63-104頁
文部科学省日本ユネスコ国内委員会ウェブサイト（https://www.mext.go.jp/unesco/012/001.
　　htm）より引用、2021年3月アクセス
松田陽「ICOM博物館定義の再考」『別冊博物館研究「ICOM京都大会2019特集」』2020年、
　　22-26頁

観光政策と博物館認証制度

松田　陽
（東京大学大学院人文社会系研究科文化資源学研究室准教授）

はじめに

「観光政策と博物館認証制度」というお題を頂いたが、観光政策と博物館認証制度に接点があるとは感じにくい。

博物館と観光政策を安易に結びつけることには躊躇いを感じる者も少なくないだろう。2017年4月に山本幸三地方創生担当大臣が、観光客に対しての文化財の案内が十分ではないとして、その「一番のがんは学芸員」であると主張し、物議を醸したことは記憶に新しい。博物館を観光政策の手段として捉えることには、少なからぬ博物館関係者が違和感を覚えるはずだ。理由は明確で、博物館が第一義的に観光施設ではないからである。

しかし、主客を転じて、観光政策を博物館振興の手段と捉えてみると、違和感を覚えずに済む。こう見立てると、博物館の本来の機能を維持しながら、観光をどう活用すべきか考えられるからである。

そして、この博物館振興を目的にするという視座こそが、観光政策と博物館認証制度を結びつけてくれる。博物館振興のために観光政策を活用し、また認証制度を活用する——こう捉えると、観光政策と博物館認証制度を並べて論じることができる。

だが、それは原則「並置」にとどまる。観光政策は短期の政策であり、博物館認証制度は長期の政策だからだ。観光は、様々な社会経済的要因の影響を受けやすいため、その政策は常に変化する状況に柔軟に対応しながら、随時最適なものを打ち出していく必要がある。コロナ禍以前に急速に増えた中国からの観光客を思い出すとわかるように、経済が好調の地域の人々は、より多く観光に赴く。他方、ホスト地の治安や政情が悪化すると、観光客はすぐに減少する。さらに言えば、コロナ禍のような世界的感染症が発生すると、観光は全世界的に縮小する——実際、この1年間、日本を訪れる海外からの観光客はゼロ近くとなった。このように、誰がどのように観光するかは刻一刻と変化するのだから、その都度最適な策を定めて短期的に実施していくことが観光政策では須要となる。博物館を振興するための観光政策も、3年や5年ぐらいのスパンで調整されたものを打ち続けることが不可欠となる。

一方、博物館認証制度は、いかなる施設が博物館か、という本質的な判断を伴

うため、短期的に変えるわけにはいかない。必要なのは堅牢性と持続性である。無論、数十年に一度程度は改定が求められようが——それがまさに今なのだろう——博物館が収蔵品を半永久的に保全する社会装置であることを考えると、そのあり方を根本的に規定する認証制度は、多少の社会経済状況の変動に動じないものにしておく必要がある。当然、認証要件は注意深く考え出さねばならないが、一度適切な要件が確立すると、博物館のあり方を底支えすることによって、博物館振興に長期的に寄与してくれる。

1. 博物館振興のための観光政策

　近年における博物館振興のための観光政策の典型例が、令和2年5月に施行された「文化観光拠点施設を中核とした地域における文化観光の推進に関する法律（以下、その通称「文化観光推進法」と記す）」である。文化庁と観光庁が所管する同法の概要は、その目的を以下のように示す。

　　文化・観光の振興、地域の活性化には、文化についての理解を深める機会の拡大及びこれによる国内外からの観光旅客の来訪促進が重要であり、東京オリンピック・パラリンピック競技大会が開催されることを契機に、文化観光拠点施設を中核とした地域における文化観光を推進するため、主務大臣（文部科学大臣・国土交通大臣）による基本方針の策定、拠点計画・地域計画の認定、これらの計画に基づく事業に対する特別の措置等を講ずる。

　法律名にもこの概要説明にも「博物館」という言葉は出てこないが、同法は間違いなく博物館振興のための観光政策と言える。その理由は、同法の肝となる「文化観光拠点施設」として博物館と美術館が第一に想定されていたことにある。事実、文化庁による同法の説明資料やポンチ絵は「文化観光拠点施設」になりうる「文化資源保存活用施設」の筆頭例として「博物館や美術館」を掲げていたし、実際に令和2年度に国認定された25計画（15拠点計画と10地域計画）のうちの22計画が博物館・美術館を文化観光拠点施設として位置づけていた。さらに言えば、15拠点計画のうちの13は、単独の博物館ないしは美術館が策定したものである。文化観光推進法に基づく拠点計画・地域計画が認定されると、国の支援を受ける

対象となる。支援には助言、海外宣伝、文化観光拠点施設における文化資源公開への協力などが含まれるが、実利として大きいのは、国事業を通して得られる補助金である。令和2年度の「博物館等を中核とした文化クラスター推進事業」、そして令和3年度の「文化観光拠点施設を中核とした地域における文化観光推進事業」(いずれも文化庁予算で実施) では、学芸員やインバウンド支援職員等の確保、施設案内等の多言語化、展示改修等の整備支援、AR・VR等の体験型コンテンツ造成、キャッシュレス決済やWi-Fi整備、バリアフリー整備などを進めるために、1件あたり4,500〜5,000万円の補助金支給の予算措置が講じられていた。この額をどう配分するかは計画ごとに異なるが、いずれにせよ博物館・美術館が国から受ける支援としては規模が大きい。

　注目すべきは、こうした支援を受けられる博物館・美術館の数である。令和2年度認定の25計画において文化観光拠点施設とされた博物館・美術館は計29館だが (13拠点計画において13館、10地域計画において計16館)、最新の文部省社会教育調査 (令和2年3月公表の平成30年度調査) によると、日本の博物館数は5,738館である (内訳は登録博物館914、博物館相当施設372、博物館類似施設4,452)。つまり全国5,738館のうちの29館が文化観光推進法を通しての支援対象となったわけであり、比率としては0.5%である。そして、この29館はいずれも比較的規模の大きな館ないしは地元自治体の強い後押しを受けている館である。つまり、文化観光推進法を通しての博物館振興は、綿密に策定された計画を準備・実施できるような体力のある少数の博物館・美術館を対象としたものと言って良い。

　こうした少数の「模範」となる館を手厚く支援する手立ては、博物館振興の政策上間違いなく必要であるが、その対極として、博物館の大多数を占める小規模館の下支えが求められることも忘れてはならない。この点は、参議院文教科学委員会における文化観光推進法の附帯決議の第1項がいみじくも表明していた。

　政府及び関係者は、本法の施行に当たり、次の事項について特段の配慮をすべきである。
　一、本法に基づく博物館等に対する財政的支援が、文化観光を推進する少数の拠点への集中的な支援であることを踏まえ、我が国全体の博物館等を広く下支えする財政的支援にも努め、文化芸術の保存、継承や発信、社会教育等といった博物館の基本的機能の維持向上を図ること。

　この付帯決議が指摘するように、文化観光推進法は博物館・美術館の圧倒的大多数を占める小規模館[（1）]の振興にはほとんど寄与しない。日本の博物館の底辺を支える小規模館の振興には、異なる性格の事業を通した補助金支給等の短期的施策と、博物館制度の改善という長期的施策を打つ必要があり、次に述べる認証制度は後者に該当する。

2.　博物館振興のための博物館認証制度

　認証制度は、補助金支給のように博物館を直接的に振興するわけではない。しかし、博物館が最低限果たすべき機能（baseline quality standard）を全うしていることを認証要件にすることにより、その要件を満たせていない館が、要件達成に向けて努力することを間接的に導く。既存の「登録」制度ではなく「認証」制度という名前にするのは、要件を達成した館が社会的信頼を獲得できるように導くためであり、同時に、日本の博物館の大多数を占めていながら現行の「登録」制度から漏れている博物館類似施設（平成30年度社会教育調査結果によると全博物館の78％）および国立・独立行政法人立の博物館を新たに取り込むためである[（2）]。

　加えて、定期的な再認証の仕組みを組み入れ、様々な公的支援を受ける条件として認証取得を求めていけば、多くの館が博物館としての最低限の機能を果たし、かつその状態を維持するように方向づけできる。さらに、認証の取得ないしは維持に向けた各館の努力に対して公的支援——補助金であれば小規模で済むし、助言や人材育成もあり得る——を行えば、効果はさらに増大する。適切に設計された認証制度は、このように博物館を間接的に振興するメカニズムとなる。

　そして、まさに今こそが現行の博物館登録制度を改定し、適切な博物館認証制度を構築すべきタイミングである。その理由は二つあり、一つ目は、2017年に公益財団法人日本博物館協会が出した『「博物館登録制度の在り方に関する調査研究」報告書』が指摘するように[（3）]、外形的観点（博物館資料、学芸員・職員、建物・土地、開館日数）を中心とした現行の博物館登録基準には明らかに問題があり、博物館の機能に則した基準に早急に入れ替える必要があるからだ[（4）]。そして、より重要な理由として、5,738館にのぼる日本の博物館の大多数が今日では疲弊しており、博物館機能を十全に果たせていないという危機的状況がある。

　公益財団法人日本博物館協会が2020年9月に公表した『令和元年度日本の博物

館総合調査報告書』は、日本の多数の博物館・美術館が収蔵庫と資料台帳の管理に関して深刻な問題を抱えていることを如実に示す。2,314の博物館施設から集めた回答データ (4,178施設に調査依頼し、有効回答率55.4%) によると、全体の33.9%の館では収蔵庫が「9割以上（ほぼ、満杯の状態）」であり、「収蔵庫に入りきらない資料がある」という館も23.3%にのぼる。また、博物館運営の最も基礎的な文書である「資料台帳」に資料の「ほとんどすべて」を記載している館は44.8%にとどまり、資料台帳記載の所蔵資料の割合が「半分程度」の館が8.9%、「4分の1程度」の館が3.9%、「ほんの少し」の館が6.4%となっている。[5] こうした生々しい数字は、博物館が最低限果たすべき機能が果たせていない現状を浮き彫りにし、博物館制度を至急設計し直す必要性を訴える。認証制度の構築が、この制度改善の大きな柱となることは間違いない。

　どのように認証要件を定めるかを検討する上では、優れた博物館制度を有すると目される他国の事例を参考にすると良いだろう。2020年に公表された日本学術会議の提言「博物館法改正へ向けての更なる提言〜2017年提言を踏まえて〜」が述べているように、英国の認証制度はとりわけ参考になる。[6] また、2002年に確立したフランスの「Musée de France」名称付与制度は、いささか厳格すぎると思える認証基準を採用しているが、[7] 認証館には「Musée de France」のロゴ使用を認めるといった認証効果を高める工夫がなされており、やはり参考になる。

　現行の日本の登録制度を発展させることをより重視した基準としては、2017年に公益財団法人日本博物館協会が出した『「博物館登録制度の在り方に関する調査研究」報告書』が示す設置、経営、資料、調査研究、展示、教育普及、職員、施設設備、連携協力の9項目があり、[8] 日本の実態に合わせるという意味では、これが最も現実的な基準かもしれない。

　こうした数多くの事例を参照しながら、新たな日本の博物館認証制度を注意深く、かつ大胆に考案すべきだろう。なお、どのような認証要件を採用したとしても、認証がもたらす実利が各館にとって最大となるように制度設計をする必要があることは、言うまでもない。

おわりに

　博物館振興は、少数の体力のある「優良館」の引き上げと、大多数の「体力の

ない館」への下支えの双方をバランス良く行う必要がある。本稿では、前者の例として文化観光推進法に基づく博物館振興を、そして後者の例として、新たに構築すべき博物館認証制度に焦点を当てて論じた。

　観光政策を通した博物館振興は短期策であり、認証制度を通した博物館振興は長期策であるため、両者は「並置」にとどまると冒頭で述べたが、実は両者を結びつける道筋も存在する。それは、観光政策を博物館認証制度に関連づけ、認証がもたらす実利を増やすことである──例えば、文化観光推進法を通した支援を行うかどうかの判断基準に、対象となる博物館・美術館が博物館認証を取得しているかを考慮することが考えられる。文化庁と観光庁には、こうした博物館認証制度と観光政策を連携させた総合政策を期待したい。

　もちろん、博物館の振興策にはこれら以外にも多数の選択肢があり[9]、各々には異なる効果が期待されるため、可能な限り多くの策を関連づけながら、全体として日本の博物館を盛り立てていってほしい。

　　註
1　本報告書内の金山喜昭による「学芸員を研究者と認定する制度について」を参照。詳細なデータは公益財団法人日本博物館協会『令和元年度日本の博物館総合調査報告書』2020年を参照。
2　本書付録Ⅰ、121-123頁を参照。
3　公益財団法人日本博物館協会『博物館登録制度の在り方に関する調査研究』報告書、2017年、22-23頁。
4　この点については、文部科学省の「これからの博物館の在り方に関する検討協力者会議」が2007年に出した『新しい時代の博物館制度の在り方について』の報告書内でもすでに指摘されていたことを、『「博物館登録制度の在り方に関する調査研究」報告書』は強調する。
5　公益財団法人日本博物館協会『令和元年度日本の博物館総合調査報告書』2020年、57-58頁。
6　同提言の参考資料3「欧米の博物館認定（認証）制度」では英国の認証制度が詳細に説明されている。
7　フランスには博物館が約3,000館あると一般的に考えられており、「博物館」の定義次第では10,000館にもなると言われるが、「Musée de France」名称付与制度の認証を受けているのは1,218館にとどまる。
8　公益財団法人日本博物館協会『「博物館登録制度の在り方に関する調査研究」報告書』2017年、25-31頁。
9　2021年刊の『博物館研究』第56巻第4号の「令和3年度文部科学省・文化庁における博物館振興施策の概要について」に、最新の国レベルの博物館振興策が網羅的に示されている。

間に合う学芸員資格取得者の養成は可能か
—新たな学芸員養成課程への課題と展望—

栗田 秀法

（名古屋大学教授）

はじめに

　本稿の課題は、日本学術会議によってなされた「一種学芸員」「二種学芸員」の提言を踏まえ、大学で学芸員養成課程を預かる立場から、それに即した学芸員養成課程のカリキュラムがどんなものでありうるのかを示すことである。専門的職員としての学芸員を含む博物館職員に関わる組織上の諸問題、現学芸員養成課程の諸問題について考察したのち、新たな学芸員養成課程の一試案を示すことにしたい。

1. 博物館法に見出される職員に関わる組織上の諸問題

　博物館法第2条では、博物館とは、「歴史、芸術、民俗、産業、自然科学等に関する資料を収集し、保管（育成を含む。以下同じ）し、展示して教育的配慮の下に一般公衆の利用に供し、その教養、調査研究、レクリエーション等に資するために必要な事業を行い、あわせてこれらの資料に関する調査研究をすることを目的とする機関」と定義されている。この定義は、博物館とは「社会とその発展に奉仕する非営利の恒久的な施設で、公衆に開かれており、教育と研究と娯楽を目的として人類と環境に関する有形無形の遺産を収集し、保存し、調査し、伝達し、展示するもの」という2007年のICOMの定義と比べてみても、「非営利の」という文言がないことを除けば、現在でもほぼ通用するものである。

　昨年のICOM京都大会で議題に上った新定義案[1]は、反文化帝国主義、社会的包摂の色彩が強いものであり、博物館法改正の今後の議論でも多かれ少なかれ意識されるべきものである。近年では文化財や博物館資料の観光的活用が強調されるようになり、利用者へのアピール度、発信性の強化に圧力がかかる一方で、自然災害の増大に備えるためにも保管・保存機能の強化も忘れてはならず、活用と保存の均衡が崩れないようにしたい[2]。

　博物館職員について言えば、登録博物館には「館長及び学芸員のほか、学芸員補その他の職員を置くことができる。」（博物館法第4条第5項）とあるだけで、博物館における運営力、マネジメント、ガバナンスの強化が強く叫ばれる現在におい

ては物足りない条文である。⁽³⁾博物館法の改正に当たっては、格段に向上しつつある学芸員のオペレーションのさらなる開花を阻むいくつかの構造的な問題が今なお強く存在していることにも思いを致したい。

真っ先に挙げられるのが館長問題である。博物館法は館長の資格についての規定を欠き、「博物館に、館長を置く」とあるだけのため、館長職が役所の出先機関における行政職の一昇進ポスト化、あるいはお役人や学識経験者による天下り的な名誉職化が常態化していることはよく知られている。小中高の学校長には教員免許状と実務経験を有していることが原則求められ、⁽⁴⁾公立図書館の館長についても「館長となる者は、司書となる資格を有する者が望ましい」⁽⁵⁾とされていることから見ても、博物館の館長に学芸員資格を原則としてこなかった不作為の負の遺産はまことに大きいと言わざるをえない。

次に「その他の職員」についていえば、国公立の博物館には専任職員として学芸職員の他には総務あるいは庶務担当の事務職員しか配置されないのが通例である。運営スタッフが配置されたとしても数年おきの配置転換でノウハウが蓄積、継承されることは稀で、マネジメントスタッフ、コーディネーター職の不在が恒常化している。それを解決するには「その他の職員」の属性の明確化が必要で、博物館法の条文も例えば「渉外・広報・社会連携促進に携わる職員等その他職員」とでもすべきであろう。教育普及活動、利用者サービスの強化、まちづくりなどに学芸員が一翼を担うことは当然だとしても、学校や地域との本格的連携には設置者がイニシアティブを取っての組織的な枠組みづくりも不可欠である。⁽⁶⁾学芸員と学芸員補という枠組みについても、大学進学率が博物館法制定時に比べ格段に向上し、学芸員補の位置づけも様変わりしているとすれば、現代にふさわしい専門的職員のあり方が目指されるべきだと思われる。⁽⁷⁾

学芸員資格取得者を毎年どのくらい出すべきかについては、教員免許に比べて明らかに採用者数が少ないのが現実である以上、然るべき方策により学芸員養成課程の数の適正化が検討されるべきで、⁽⁸⁾かつての「学芸員養成教育を"博物館のよき理解者・支援者の養成の場"と位置づけるのではなく、学芸員として必要な専門的な知識・技術を身に付けるための入口として位置づけることが必要である⁽⁹⁾」との指摘をより具体的に実質化することが必要である。

博物館のよき理解者を真剣に増やそうとするのなら、学芸員資格取得者の増大程度では逆に数が少なすぎるのは自明であり、抜本的には学校教育の現場との本格的な連携が欠かせない。例えば、社会、理科、美術の教職課程カリキュラムへ

の何らかの形での博物館教育関連の科目や単元の導入を組み込みこむことができたとすれば、対話型鑑賞等、生徒の主体性を重んじる博物館利用の在り方が学校を通じて徐々に社会に根付いていくことが期待できよう。⁽¹⁰⁾

2. 現行の学芸員養成課程がはらむ諸問題

　わが国の学芸員制度の特徴は、博物館法第4条第3項、第4項の記述のように、学芸員が総務的なこと以外の専門的業務すべてを担当するところにある。対して、欧米における一定の規模以上の博物館の専門的職員の職能は、調査・研究、登録・管理、保存、教育などと専門分化され、それぞれにキュレーター、レジストラー（列品管理担当者）、コンサヴァター、エデュケーターといった職種が確立していることが普通である。展示作業、額装、デザインの分野は、日本では外注されるのが常だが、欧米では専任職員が雇われている場合が多く、種々の渉外活動にも専門的な職員が雇用されていることは周知のとおりである。⁽¹¹⁾

　日本のゼネラリスト的学芸員制度においては、教育や保存の用務についても、現在学芸員の大多数を占める調査研究型の学芸員が持ちまわりで兼務するのが普通である。しかしながら、現職向けに「博物館・美術館等保存担当学芸員研修」や「ミュージアム・エデュケーション研修」が毎年開催されていることから考え⁽¹²⁾ると、保存分野や教育分野に秀でた人材のニーズが現場にあることは明らかであり、新たな学芸員養成課程の資格やカリキュラムを検討する際にも配慮が必要である。さらに言えば、博物館に求められる活動水準が高度化している昨今、教育分野や保存分野を片手間で済ますことはもはや許されなくなりつつあり、大学院レベルでの学芸員資格の専門分化もそろそろ真摯に検討されて然るべきである。

　なお、博物館資料の登録・管理に携わるレジストラーの用務については、学芸員の職能の急激な専門化、細分化は困難であろうことから当面は学芸部門全体で担うことが妥当であるように思われる。とはいえ、博物館資料の保存と活用の観点からみると、欧米では標準化されつつある「収蔵品管理方針（Collections Management Policy）」をわが国でも導入・策定し、ともすれば軽視されがちであったレジストラーの用務に正面から向き合うことは重要である。この管理方針とは、コレクションの収集、保管、調査研究、利活用の指針をトータルに明文化したもので、ここにはコレクション情報の情報化と公開も含まれる。⁽¹³⁾

　他方、博物館を実際に動かしていく学芸員の置かれた境遇に目を向けると、利用者サービスを中心とする用務に忙殺されるなかで、そのしわ寄せは特に調査研究活動に来がちであり、巷に云わば出涸らし学芸員があふれている。収集活動には事前の調査研究が不可欠であろうし、コレクションの価値を高めるのも調査研究である。優れた展覧会の企画、教育活動も同様で、学芸活動には絶えざるインプットを欠かすことはできないのである。博物館の真の活性化を図るべく、調査研究活動のための環境や体制の整備を現実化する制度的な手当てが求められていると言えよう。

　ここで学芸員養成の歴史を簡単に振り返っておくと、1952年に博物館法が施行されてからの3年間は、博物館の現職者向けに資格付与講習がなされ、当初の博物館法第4条には専門的事項の区分に応じた人文科学学芸員と自然科学学芸員の区別が存在した。現在まで続く資格認定制度が発足したのは1955年のことで、学芸員の区別も学芸員に一元化されている[14]。

　学芸員養成課程における修得すべき当初の取得単位は5科目10単位で、1996年に8科目12単位に変更された。21世紀に入ってからは博物館法の抜本的な改正が検討され、2007年には「新しい時代の博物館制度の在り方について」が文化庁の協力者会議によってまとめられた。しかしながら、現実の2008年の法改正では比較的小規模な改正にとどまり、習得単位のみがかなり大きく改正され、2012年からは9科目19単位となっている[15]。

　「新しい時代の博物館制度のあり方について」では、あるべき学芸員として、資料およびその専門分野に必要な知識および研究能力、資料に関する収集・保管・展示等の実践技術、高いコミュニケーションの能力を発揮し教育活動を展開できる能力、一連の博物館活動を運営管理できる能力、を同時に兼ね備えていることが求められている[16]。取得単位増加の背景にはこうした学芸員像の大きな変化があった訳だが、人数の限られた学芸員スタッフだけにあまりにマルチで過大な負担と期待を掛けるのは酷というほかない。設置者の側のマネジメント、ガバナンス面での現場支援の方策が確立してこそ博物館の潜在能力が十全に発揮される道が開けるのだということの自覚と責任が問われている。

　学芸員雇用の問題点について付言すれば、その多様な用務に比して学芸員数が全体的に不足しているとともに、学芸員の専門的職員としての位置づけや処遇が不十分な館が少なくないことが挙げられる。自治体の財政難もあり人員削減や非正規化が進み、学芸員を現場でじっくり育成する余裕も減少している[17]。そうした

事情もあって学芸員の職能の専門分化が思うように進まないことは憂慮すべきである。

　ともあれ、学芸員養成課程の問題点の第一には、座学中心で非実践的であることがある。また多くの大学では各科目の担当教員間の擦り合わせが十分にできておらず、科目（担当教員）ごとに似た話が繰り返されるとの感想もよく聞かれるところである。また、肝心な博物館実習もその内容が現場任せになっており、受付や監視の手伝いを主眼とするところから、学芸員の実務の一端を体験させることに主眼を置いているところに至るまで、館によって対応はまちまちであるといってよい。その理由の一端には、資格希望者が多すぎ、実習対応の余裕のない館にまで実習の依頼をせざるを得ない現状がある。

　運用面とは別に、養成課程には構造的ともいうべき欠陥も存する。学芸員資格は、教員免許に比べ修得単位数が少ないため、課程設置側の大学にとっても、単位を取得する学生側にとってもがハードルの低い資格とみなされてきた。そのため毎年数千人単位の資格取得希望者が出現し、そのしわ寄せが博物館実習の現場への負担増大となってきている。

　また、現行の「博物館に関する科目」の単位数が教職課程における「教職に関する科目」の必修単位数に相当するものであるにせよ、学芸員養成課程には、教職課程における「教科の科目」に当たる科目が存在しておらず、大学独自で法定科目以外の必修科目を設けている大学がそれなりにあるとはいえ、必ずしも単位数が十分に課されているわけではない。博物館資料に関わる専門的知識が担保されなくとも、事実上学芸員資格そのものは専門外でも労せずとも取得することが可能になっているのである。[18]

3. 学術会議の提言を踏まえた学芸員養成課程についての一試案

⑴ 日本学術会議の提言の意義
　具体的なカリキュラムに入る前に今回の学術会議の提言のいくつかについて確認しておこう。第1の「登録博物館制度から認証博物館制度への転換」で特に注目すべきは、登録審査以降チェックがほとんど機能しない現行制度の欠点を補うことができることで、大学の認証評価制度と同様、評価の中身によるが、博物館の継続的な質担保にとって一定の意義があると思われる。

　提言の第2「認証博物館を一級、二級に区分した新たな認証博物館制度を構築する」に関して言えば、「公立博物館の設置及び運営に関する基準」（1973年）において、規模や役割を異にする都道府県立と市町村立とで施設の面積や学芸員数に区分が設けられたことを思い起こせば、一級、二級の区分けには一定の妥当性があると思われる。同時に、例えば人文系博物館の認証のメリットとして、個人が美術品を寄附した場合の評価額の算定に時価相当額を適用する制度、公開承認[19]施設に準じた制度等が組み込まれることが期待される。また、一級認証博物館に研究機関指定[20]を受けることが必須とされれば、最終的に学芸員が全体として専門職として処遇されるための大きな一歩となることであろう。

　提言の3番目に来るのが「一種学芸員」と「二種学芸員」に区分した新たな学芸員資格の導入」である。調査研究、教育活動、保存分野において求められる水準が博物館法発足時より格段に向上していることから、アカデミアの世界でも研究者としても位置付けられる学芸員資格の創設は大きな意義があるといえる。[21]二種学芸員には、博物館資料及びその専門分野に必要な知識及び研究能力のみならず、資料に関する収集・保管・展示・教育普及等の実践技術及び博物館の社会的役割についてのミニマムの共通基盤を習得させることを主眼とし、一級認証博物館に必置とされるべき一種学芸員には、博物館資料及びその専門分野に関わる高度な知識及び研究能力のみならず、資料に関する収集・保管・展示・教育普及等の先端的な実践技術を習得させることを主眼とするというような形で両者を区別することもできよう。

　もちろん法や学芸員の制度だけいじっても改善には限りがあり、設置者や支援者が一体となってあらゆる側面から博物館充実のための方策を行う必要がある。すぐに頭に浮かぶのは、設置者によるガバナンスの強化、小規模館に顕著な非正規職員、任期制職員の増加の阻止、経費削減を主眼とする指定管理の導入の歯止め、収蔵庫の狭隘化の改善、運営を担当する職員の配置・育成、などである。いずれも焦眉の問題であり、博物館法改正の議論とは別に、日本博物館協会等による組織的な訴えを強化する必要がある。[22]

(2) 具体的なカリキュラムの検討

　ここから具体的なカリキュラムの試案の提案に移ることとするが、現行カリキュラムの改善案としても資すべく、ここでは現行の学芸員養成課程をできるだけ生かす形とし、取得単位数は現行単位を踏まえた上で教員免許の単位のあり方[23]

表1　二種学芸員の新学芸員養成課程（案）

学芸員に関する科目	
科目名	単位数
生涯学習概論	2
博物館概論	2
博物館経営論	2
博物館資料管理論	2
博物館資料保存論	2
博物館展示論	2
博物館教育論	1
ミュージアム・エデュケーション演習	1
ミュージアム・メディア演習	2
博物館実習（見学実習）	1
博物館実習（実務実習Ⅰ）	1
博物館実習（実務実習Ⅱ）	1
博物館実習（実務実習Ⅲ）	1
合計	20

専門科目			
人文科学		自然科学	
科目名	単位数	科目名	単位数
文化史	4科目各2単位必修 16単位選択必修	自然科学史	5科目各2単位必修 14単位選択必修
美術史		物理学	
考古学		化学	
民俗学		生物学	
		地学	
		合計	24

も参考にした。

　まず、学卒者を想定する二種学芸員だが、修得単位数を「博物館に関する科目」と「人文科学又は自然科学に関する専門科目」に関する科目の2部構成とし、人文系、自然系の2種類の学芸員を設けることを提案する（表1）。博物館に関する科目においては、座学系の科目を一部縮減することで実践的な演習科目を開設し、博物館実習の館園実習を廃止、実務実習を拡大し、授業内容を具体的なものとする。専門分野に関する科目については、現行の試験認定を参照しつつ、人文科学学芸員では、4科目（文化史、美術史、考古学、民俗学）の、自然科学学芸員では5科目（自然科学史、物理学、化学、生物学、地学）の単位取得を義務付ける。

　博物館に関する科目の総単位は実習を充実させ10科目20単位とする。その上で博物館情報・メディア論を廃止して、その内容を他の科目に適切に振り分け、演習科目に変更する。また、博物館教育論も1単位にし、残る1単位分を演習科目に振り分ける。科目名が曖昧なためにかなり自由に開講されている博物館資料論を博物館資料管理論とし、コレクションの収集、登録・管理、保存、調査研究、利活用についての方針をまとめた、いわゆる「収蔵品管理方針」に特化し、レジストラー的な用務への理解と意識を高める。

　座学系科目の一部縮減により実践系演習科目3単位分の余地を設ける。ひとつは、ミュージアム・エデュケーション演習1単位で、対話型鑑賞をはじめとする

教育普及活動の実践演習を想定している。また、ミュージアム・メディア演習2単位では、フライヤー、ワークシート、キャプション等の作成に直結する画像編集ソフト等への習熟度を高め、博物館の現場で活かせる実践スキルを習得させる。

博物館実習では前に述べた理由もあり館園実習の廃止を提案する。見学実習は残した上で、学内の実務実習の内容を具体化させつつ3単位に拡充する。実務実習Ⅰでは、資料の取扱い実習として、博物館資料の調書作成、取扱いの実践を行う。例えば人文系では文書・典籍、美術工芸、考古資料、民俗資料等の調書作成、取扱いの実践、自然系では標本資料等に関する調書作成、取扱いの実践などが想定できよう。実務実習Ⅱでは、資料の展示実習として、小規模な展示を行うことを通じて、企画、広報、展示作業、教育普及活動といった一連の作業を授業内で体験させる。実務実習Ⅲでは、同様の内容を授業外への公開を前提としてより実践的に行う。[24]

人文科学又は自然科学に関する専門科目については例えば24単位とし、例えば人文系では文化史、美術史、考古学、民俗学各2単位必修とし、16単位を選択必修とし、自然科学系では、自然科学史、物理学、化学、生物学、地学各2単位必修、14単位を選択必修とすることが考えられる。

次に修士課程修了者を想定する一種学芸員であるが、開設が待望されている博物館学大学院ではなく、ここでは既存の大学院に併設される課程を念頭に置き、修得単位は博物館に関する科目を5科目12単位、人文科学又は自然科学に関する専門科目を20単位とした[25]（表2）。博物館に関する科目では、講義と演習、実習（インターン）で構成し、専門分野に関する科目は4分野とは異なる専門の方でも取れる程度の単位数とした。

表2　一種学芸員の新学芸員養成課程（案）

学芸員に関する科目	
科目名	単位数
博物館学特論	2
展示企画特別演習	2
教育普及活動特別演習	2
文化財保存救出活動特別演習	2
館園実習（インターン）	4
合計	12

専門科目			
人文科学		自然科学	
科目名	単位数	科目名	単位数
文化史	4科目のうちいずれかを選択	自然科学史	5科目のうちいずれかを選択
美術史		物理学	
考古学		化学	
民俗学		生物学	
		地学	
		合計	20

講義では、博物館学特論を通じ博物館の過去、現在・未来を俯瞰的に再検討する機会を設ける。演習では、先述した文化庁等の現職向け研修をいわば取り込む形で、例えば、展示企画特別演習、教育普及活動特別演習、文化財保存救出活動特別演習を設ける。内容が高度化し、担当講師も限られるので、ブロックごとに複数の大学で共同開講するのも一案であろう。二種の方では館園実習は廃止を提言したが、一種の方では積極的に導入する。任意の館で、演習で学んだことを発展させるべく、展示、教育、保存のいずれかの課題である程度まとまった期間のインターン実習を行うこととする。

おわりに

　学術会議の提言で注目すべきは、「カリキュラムによる教育や現場での実務経験に応じて、「一種学芸員」については、より専門性を重視した「調査」「保存」「教育」といった下位区分を設けることも考えられる[26]」という一歩踏み込んだ提案がなされていることである。教育は博物館教育の課程、保存は保存科学もしくは修復の課程を修了することが前提とすることが妥当であり、博物館教育や保存分野の学芸員の公的資格ができれば、いくつかの大学院にそうしたコースが開設され、20年後にはわが国でも学芸員の職能の一定の機能分化が進む可能性が出てくることが大いに期待されよう。

　最後に1955年の博物館法改正の翌年に刊行された日本博物館協会編『博物館学入門』に収められた鶴田総一郎「博物館学総論」の次の一節を掲げておきたい。

　　近い将来に学芸員の学芸員の格付け、（例えば1級から6級）を行って職階制を確立するか、反対に学芸員の資格を外国のcuratorまで高めてしまうか、学芸員という言葉はcuratorに充て、法の学芸員を博物館専門職員あるいは他の呼名にかえるか、何らかの対策が必要になってくる[27]。

　もうそろそろ鶴田の宿題に何らかの答えを出してもよい時期に来ていると思われるのだが、いかがだろうか[28]。

注

1 「博物館は、過去と未来についての批判的な対話に捧げられた、民主化を促し、包摂的で、様々な声に耳を傾ける場である。博物館は、現在の紛争や課題を認識しそれらに取り組みつつ、社会に対して文物や標本を預かる存在である。将来の世代のために多様な記憶を保護するとともに、あらゆる人々に対して遺産への平等な権利と平等なアクセスを保証する。／博物館は、営利を目的としない。博物館は、参加型で透明性があり、多様な共同体と積極的に連携し、収集、保存、研究、解説、展示ならびに世界理解を高めるための活動を行い、人間の尊厳と社会正義、世界全体の平等と地球全体の幸福に寄与することを目指す。」（拙訳）

フランス語原文は次のとおりである

Les musées sont des lieux de démocratisation inclusifs et polyphoniques, dédiés au dialogue critique sur les passés et les futurs. Reconnaissant et abordant les conflits et les défis du présent, ils sont les dépositaires d'artefacts et de spécimens pour la société. Ils sauvegardent des mémoires diverses pour les générations futures et garantissent l'égalité des droits et l'égalité d'accès au patrimoine pour tous les peuples.

Les musées n'ont pas de but lucratif. Ils sont participatifs et transparents, et travaillent en collaboration active avec et pour diverses communautés afin de collecter, préserver, étudier, interpréter, exposer, et améliorer les compréhensions du monde, dans le but de contribuer à la dignité humaine et à la justice sociale, à l'égalité mondiale et au bien-être planétaire.

(https://icom.museum/fr/news/licom-annonce-la-definition-alternative-du-musee-qui-sera-soumise-a-un-vote/)。

2 岩城卓二、高木博志編『博物館と文化財の危機』人文書院、2019年。

3 「これからの公立美術館のあり方についての調査・研究」財団法人地域創造、2009年（https://www.jafra.or.jp/fs/2/4/6/6/1/_/jafra_museum200903.pdf）。

4 学校教育法施行規則第20条：一 教育職員免許法（昭和二十四年法律第百四十七号）による教諭の専修免許状又は一種免許状（高等学校及び中等教育学校の校長にあつては、専修免許状）を有し、かつ、次に掲げる職（以下「教育に関する職」という。）に五年以上あつたこと。二 教育に関する職に十年以上あつたこと。

5 図書館の設置及び運営上の望ましい基準（平成24年12月19日文部科学省告示第172号）：第二 公立図書館 一 市町村立図書館 4 職員 （一）職員の配置等 1 市町村教育委員会は、市町村立図書館の館長として、その職責にかんがみ、図書館サービスその他の図書館の運営及び行政に必要な知識・経験とともに、司書となる資格を有する者を任命することが望ましい。二 都道府県立図書館 5 職員 1 都道府県教育委員会は、都道府県立図書館において第二の二の6により準用する第二の一の4の（一）に定める職員のほか、第二の二の1、3及び4に掲げる機能を果たすために必要な職員を確保するよう努めるものとする。

6 その意味で閼府寺司氏がある場所で提言された、マネージング・ディレクターを導入する複数館長制の導入は検討に値するものである。

「アート経済成長戦略 美術館と諸制度の構造改革」（未来投資会議 構造改革徹底推進会合 2019年2月19日 閼府寺司 大阪大学：https://www.kantei.go.jp/jp/singi/keizaisaisei/

miraitoshikaigi/suishinkaigo2018/chusho/dai6/siryou5.pdf）：1　美術館ガバナンスの抜
本的改革と強化 自律的マネージメントの確立：マネージング・ディレクターを導入し
た複数館長制 Art Director ＋ Managing Director；美術館組織本体にプロのマネージメ
ントを導入し、自律的成長できる組織にする。2　アート経済の成長を阻んできた致
命的な税制、規制、制度の抜本的改革：保存修復家配備の制度化（アート資産を護り、
国富を増幅し続けるための大前提）；コレクターへの税制優遇、寄贈に対する税制優遇
（アート資産を持続的に増やす改革）。
　　　なお、主として登録博物館、博物館相当施設又は博物館類似施設の館長・副館長等に
就任して2年未満の者に向けては「博物館長研修」が、博物館の管理職（事務・学芸
とも）や地方公共団体の博物館行政担当職員に向けては「ミュージアム・マネジメン
ト研修」が開催されているが、それぞれわずか3日間の研修にすぎず、付け焼刃的で
その実効性には大きな疑問が残る。

7　大学進学率は、博物館法施行直後の1955年では7.9%であったが、その後1980年の
26.1%、2005年の44.2%と上昇の一途をたどり、現在では50%を超えている。学芸員
とが学芸員補の数は、社会教育調査によると次のとおりである。

	学芸員	学芸員補
1960	311	162
1971	423	205
1981	1,062	406
1988	1,804	525
2001	2,921	309
2018	5,025	627

8　学芸員養成課程を設置している大学は300を超え、2007年には8,588名が資格を取得
した。2014年の博物館総合調査によれば、回答のあった国公私の582館では2011年か
らの3年間で823名が採用された。ちなみに、2005年の高校教員の採用試験受験者数
は35,593人で、採用されたのは2,674人であった。

9　「学芸員養成の充実方策について「これからの博物館の在り方に関する検討協力者会
議」第2次報告書」2009年、3頁。

10　教員免許に加えて一定の博物館学の単位を履修することで認定される博物館教師資格
を創設することも検討されて然るべきかと個人的には思う。

11　欧米の博物館における主な職種は次の通り：Curator, Registrar, Educator, Conservator,
Restorer, Archivist, Librarian, Handler, Framer, Graphic Designer, Exhibition Designer,
Public Relations Manager, Visitor Services Officer, Fundraiser etc.

12　文化庁関係機関が行う学芸員向けの主な研修は次の通り：博物館・美術館等の保存担
当学芸員研修、ミュージアム・エデュケーション研修、博物館学芸員専門講座

13　収蔵品管理方針については、拙編著『現代博物館学入門』ミネルヴァ書房、2019年、
63-70頁を参照。

14　制定当初の博物館法には「学芸員は、そのつかさどる専門的事項の区分に従い、人文
科学学芸員又は自然科学学芸員と称する」（第4条第5項）という条項があったが、そ
の後、「地方博物館の多くは、その性格上総合博物館として運営されるものが多いこと

及び博物館職員の人事交流の円滑化等を図るためにも学芸員の種別を廃止することが適当であると考えられるため」（文社施第一〇〇号　文部省社会教育局長通達）、1955年に「学芸員」の職名に一元化された。

15　大学において修得すべき博物館に関する科目の単位

1952年〜

5科目10単位（博物館学　4単位、教育原理　1単位、社会教育概論　1単位、視聴覚教育　1単位、博物館実習　3単位）

1997年〜

8科目12単位（生涯学習概論　1単位、博物館概論　2単位、博物館経営論　1単位、博物館資料論　2単位、博物館情報論　1単位、博物館実習　3単位、視聴覚教育メディア論　1単位、教育学概論　1単位）

2012年〜

9科目19単位（生涯学習概論　2単位、博物館概論　2単位、博物館経営論　2単位、博物館資料論　2単位、「博物館資料保存論　2単位、博物館展示論　2単位、博物館情報・メディア論　2単位、博物館教育論　2単位、博物館実習　3単位）

16　「新しい時代の博物館制度の在り方について」これからの博物館の在り方に関する検討協力者会議、2007年、15頁。

17　菊池真「博物館学芸員の非正規雇用と労働の流動化」『人文地理学会大会　研究発表要旨』2019年、116-117頁。

18　1952年の博物館法施行規則には「人文科学又は自然科学に関する専門科目の単位」が設けられていたが、1955年の博物館法改正において「博物館に関する科目」のみを修得することとなった。

19　「日本の現行の寄附税制では、個人が美術品等を国等に寄附した場合に、取得価額、または、市場価格相当額のいずれかを課税所得から控除できるものの、国税庁によって、価格算定基準は明確に定められていないのが現状である」（「平成29年度「我が国の現代美術の海外発信事業」美術品等の寄附税制等に関する調査研究事業」株式会社日本総合研究所、2018年、143頁）。

20　美術史学会では2004年に「科学研究費補助金の代表申請資格を得るために──美術館・博物館のための研究機関指定申請マニュアル──」（https://www.bijutsushi.jp/pdf-files/kaken-no-tebiki.pdf）をまとめ研究機関指定の申請を促したが、残念ながらほとんど実現していないのが現実である。

21　研究者として遇するには博士号が必須という意見が当然出てこようが、人文系では博士課程の標準修業年限内に博士号を取得することが相当に困難な現状ではハードルが高いように思われる。なお、現職者の一種学芸員の認定には現行の審査認定制度に準じた制度を設ける必要があろう。

22　次の文献では、雇用問題の解決、研修の充実、研究環境の整備が強調されている：佐久間大輔「博物館の基盤となる学芸員体制の維持と高度化を考える」『日本の博物館のこれからⅡ──博物館の在り方と博物館法を考える──』（科研費報告書）大阪市自然史博物館、2020年、117-124頁（http://doi.org/10.20643/00001491）。

23　例えば高等学校教諭では、学士の学位を基礎資格とする「一種免許状」の最低修得単位数は、教科に関する科目が20単位、教職に関する科目が23単位、教科又は教職に

関する科目が16単位、その他8単位の合計67単位、修士の学位を基礎資格とする「専修免許状」の最低修得単位数は、それぞれ20、23、40、8単位の合計91単位となっている。

24 展示そのものは然るべき展示施設がなくとも、学校での移動展示を想定するなど、工夫すれば既存教室の活用でもできるはずである。

25 ちなみに教職の専修免許では学卒の一種免許に24単位を追加習得する形になっており、ここではそれも参考にした。

26 本書付録Ⅰ、139頁。

27 伊藤寿朗監修『博物館基本文献集　別巻』大空社、1991年、44頁。

28 もう一言だけ付言すると、学術会議提案の学芸員の呼称について、仮に一種と二種の区分けで上下関係が想起されるとするのなら、教員免許と同じよう学卒資格を一種、修士修了資格を専修とした方が色々な面で好ましいかもしれない。また、学芸員養成課程の教育内容を実質化するには、司書課程と同じように、学芸員養成課程への専任教員の配置の義務化も必要となることだろう。

学芸員を研究職と認定する制度について

金山 喜昭

（法政大学教授）

はじめに

　日本学術会議史学委員会博物館・美術館等の組織運営に関する分科会（以後、「学術会議」とする）は、博物館法改正に向けて、平成29 (2017) 年7月に (提言)「21世紀の博物館・美術館のあるべき姿——博物館法の改正へ向けて」[(1)]を発表したことに続き、令和2 (2020) 年8月にも (提言)「博物館法改正へ向けての更なる提言〜2017年提言を踏まえて〜」[(2)]を公表した。主な改正点の一つとして、学芸員の専門的能力の養成や向上をはかるために、大学院の養成課程の設置やリカレント教育等の拡充を指摘し、これまでの学芸員制度について学部卒により取得する「二種学芸員」と、修士課程以上の学位等を要件とする「一種学芸員」に区分し、後者を明確に研究者としても位置づけ、研究機関指定を受けた博物館では研究者番号を与えることができるようにすることを提言している。提言書の要旨部分の該当箇所では、次のように記されている[(3)]。

　・学芸員制度の改正による学芸員の区分の設定
　　「一種学芸員」と「二種学芸員」に区分した新たな学芸員資格の導入。
　・学芸員による独創的な研究を可能とする新制度設計
　　学芸員による業務から離れた自由な研究活動の意義も認め、独創的な研究を可能にする研究環境の基盤整備を講ずるべきである。

　本稿は、博物館がおかれている現状と照らし合わせたうえで、この提言の妥当性について検討するものである。

1. 博物館の現状

　日本博物館協会による「博物館総合調査」[(4)]（以後、「総合調査」とする）から、博物館の実態に即した運営状況を把握することができる。まずは、同報告書により博物館の現状を見ることにする。

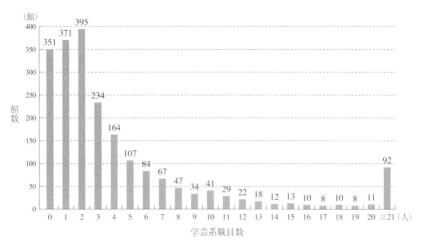

図1　雇用している学芸員数（非常勤、兼任を含む）からみた館数の分布
（公益財団法人日本博物館協会『令和元年度　日本の博物館総合調査報告書』令和2年9月より）

(1) 学芸系職員

　博物館にとって学芸員は何よりも必要な経営資源である。ところが、現状の博物館は学芸員の配置が不十分となっている。総合調査で回答のあった2,128館の博物館全体で学芸員が未配置の博物館は16.5％にのぼる。設置者別にみると、町村立28.7％、市立17％、県立6.4％というように、中でも町村立の3割近くで学芸員が不在となっている。図1に示すように1館当たりの学芸員数（非常勤、兼任を含む）と館数との関係をみると、学芸員を配置している1,777館のうち1～3名で事業を実施している館が1,000館（56.3％）を占めるなど、少人数の館への偏りが極めて大きい。博物館の平均的な職員体制は、常勤職員3名、そのうち学芸員資格保有者1名、非常勤職員1名となっている。中には国立や県立の大型館のように学芸系職員を21名以上も配置する特異なところもあるが、圧倒的に多くの館は少ない学芸員数にとどまっているのが現状である。

　1990年代以降、博物館の経営上、国公立館には大きな変化が生じている。平成15（2003）年、「公の施設」のより効果的、効率的な管理を行うという行政改革を実施する意図で地方自治法が改正され、民営化、市場化を基調とする指定管理者制度が公立博物館に導入された。国ではそれに先立ち、同じ文脈により独立行政法人制度を設けて、平成13（2001）年に「国立の博物館」にも同制度が導入された。以来、国公立館では常勤職員の削減により職員の非正規化が進むようになり、

学芸系職員においてもその傾向が顕著になっている。博物館を持続的に経営していくために、学芸員の非正規化は致命的な欠陥を生じさせることが懸念されるところである。

(2)財政状況

　総合調査で回答のあった1,506館の「総収入」の平均値は9,026万円、総支出は1億560万円（1,760館）となる。但し、大規模館と小規模館との財政規模の幅が大きいことを考慮しておかなければならない。具体的にみれば、国立35館（全体の2.3%）の平均総収入は6億7,963万円、都道府県・指定都市立254館（16.9%）は1億8,476万円、市・区立703館（46.7%）は4,297万円、町・村立208館（13.8%）は1,828万円である。支出でみれば、国立は5億4,150万円、都道府県・指定都市立は2億3,834万円、市・区立は5,970万円、町・村立は2,473万円である。平成8年度以降の支出総額の経年変化を見ると、市・区及び会社・個人等の支出が大幅に減少している。博物館の年間の総支出額はこの20年間の平均で約2,500万円以上減少しており、厳しい財政状況となっている（表1）。

表1　設置者別支出総額の推移

		支出総額の平均（千円）			
		平成8年度	平成15年度	平成19年度	平成30年度
全　　体		131,280	118,536	113,381	105,600
設置者	1 国	546,809	606,375	602,381	541,504
	2 都道府県・指定都市	320,842	279,536	271,935	238,341
	3 市・区	92,793	85,068	69,349	59,699
	4 町・村	28,004	20,777	22,900	24,732
	5 公益法人・一般法人等	85,069	102,071	100,511	96,244
	6 会社・個人等	315,888	189,504	184,017	126,585

（公益財団法人日本博物館協会『令和元年度　日本の博物館総合調査報告書』令和2年9月より）

(3)博物館が力を入れている活動

　博物館の活動は、博物館法第2条（定義）において明記されるように、博物館の主要事業として定式化されている。総合調査では、調査研究活動、収集保存活動、展示活動、教育普及活動、レクリエーションの5項目について、館として力を入れている活動を3番目まで選択する設問により、博物館現場の意識や実情を調査した。回答のあった2,314館のうち、第1番目は展示（64.3%）が最も高く、次いで教育普及（18%）となる。調査研究や収集保存を一番目に挙げている館はそれぞ

れ10%未満に過ぎない。平成9年以降の経年変化をみると、同じような傾向で推移しているものの、より一層展示や教育普及に偏重する一方、調査研究や収集保存が手薄となる傾向をみてとることができる（表2）

表2　力を入れている活動（全体/時系列比較）　　　　(%)

	平成9年 (N=1,891)	平成16年 (N=2,030)	平成20年 (N=2,257)	平成25年 (N=2,258)	令和元年 (N=2,314)
一番目					
1. 調査研究活動	7.8	7.3	7.0	6.8	6.8
2. 収集保存活動	17.1	11.1	9.6	10.0	8.1
3. 展示活動	59.5	61.6	63.0	62.2	64.3
4. 教育普及活動	12.4	15.8	17.2	17.3	18.0
5. レクリエーション	1.6	2.2	1.5	2.1	1.9
無回答	1.6	2.0	1.7	1.6	0.8
二番目					
1. 調査研究活動	13.4	11.6	11.1	11.1	11.6
2. 収集保存活動	30.5	24.8	23.9	21.2	20.9
3. 展示活動	22.7	22.2	21.8	24.0	21.7
4. 教育普及活動	26.2	32.4	34.6	36.9	38.9
5. レクリエーション	3.1	3.5	3.5	3.9	4.6
無回答	4.2	5.5	5.2	2.9	2.4
三番目					
1. 調査研究活動	27.3	25.1	27.9	26.4	28.3
2. 収集保存活動	22.6	26.9	25.4	28.0	26.2
3. 展示活動	9.5	8.6	8.5	7.5	8.6
4. 教育普及活動	26.9	23.4	21.8	24.3	22.1
5. レクリエーション	6.2	6.7	7.0	8.5	10.5
無回答	7.5	9.2	9.4	5.4	4.2

（公益財団法人日本博物館協会『令和元年度　日本の博物館総合調査報告書』令和2年9月の表をもとに一部改変）

　このような状況は、国や自治体の行政改革により博物館にも事業の合理化や効率化、来館者サービス等が問われるようになり、来館者数を数値目標にする動向が顕著になっていることと無関係ではないと思われる。国公立館では展覧会やイベント等の事業回数を増やし、来館者数の増加につなげる取り組みが行われている。しかし、その反面では調査研究や収集保存という博物館の基礎機能にかかわる業務が脆弱化しており、博物館の適正な運営をはかる観点からいえば憂慮すべきことである。

⑷ 科学研究費補助金の獲得状況

　次に、学術会議が提言するように、学芸員を研究者として位置づけて研究機関指定を受けた博物館を振興させることに関連して、現在の博物館の科学研究費補助金（以後、「科研費」とする）の獲得状況についてみることにする。

　最新の科研費の採択状況については、『令和2年度科学研究費助成事業の配分について』（令和2年12月文部科学省研究振興局）から知ることができる。表3は、設置者別にみた博物館の科研費の採択状況をまとめたものである。採択件数は国立が56.3%と半数以上を占めており、都道府県立、指定都市、公益法人、市立と続き、町村立はゼロである。国公立の件数は、国立191件、都道府県立90件、指定都市42件、市立2件というように、国立が際立って高くなっており、基盤研究Aが16件あるように大型研究プロジェクトが採択を受けていることも特筆される。令和2年度の新規採択件数をみても、やはり国立は56件（全体の53.8%）というように同じく高い傾向となっている。ちなみに都道府県立の新規採択件数は26件、指定都市は16件、市立は0件、公益法人は6件である。設置者ごとの新規採択率をみると、国立が35.9%、都道府県は26%、指定都市は30.8%、市立0%、公益法人85.7%となるが、例数が少なく単純な比較が難しい公益法人を除くと、やはり国立の採択率が最も高くなっている。

表3　設置者別にみた博物館の科学研究費補助金の採択状況

| | 採択件数 | | 基盤研究の件数（件） | | | 新規応募件数 | | 新規採択件数 | | 新規採択率 |
| | 件数（件） | 全体に対する割合 | 基盤研究 | | | 件数（件） | 全体に対する割合 | 件数（件） | 全体に対する割合 | |
			A	B	C					
国立	191	56.3%	16	39	76	156	48.9%	56	53.8%	35.9%
都道府県立	90	26.5%	1	6	49	100	31.3%	26	25.0%	26.0%
市立（指定都市）	42	12.4%	0	2	25	52	16.3%	16	15.4%	30.8%
市立	2	0.6%	0	0	1	4	1.3%	0	0.0%	0.0%
町村立	0	0.0%	0	0	0	0	0.0%	0	0.0%	0.0%
公益法人	14	4.1%	0	1	11	7	2.2%	6	5.8%	85.7%
会社、個人等	0	0.0%	0	0	0	0	0.0%	0	0.0%	0.0%
合計	339	100.0%				319	100.0%	104	100.0%	

（文部科学省研究振興局『令和2年度　科学研究費助成事業の配分について』令和2年12月より作成）

　表4は、直接経費と間接経費を合計した経費の配分状況を設置者別に示したものである。国立は採択された博物館全体の実に74.1%の高い配分を受けている。基盤研究A・Bのように大型、中型の研究プロジェクトが一定数含まれているこ

とによる。国立館1館あたりの平均は約5,360万円であるが、都道府県立は全体の16.1％となり、1館あたりの平均は730万円、指定都市は6.9％で約1,660万円、市立は0.2％で約160万円、公益法人は2.7％で約320万円となる。つまり、国立館は採択件数や採択率ばかりでなく、経費の配分額についても突出している。

表4　直接経費と間接経費を合計した経費の配分状況

	総額 （千円）	全体の総額に 対する割合	採択館平均 （千円）
国立	535,788	74.1％	53,579
都道府県立	116,480	16.1％	7,280
市立（指定都市）	49,920	6.9％	16,640
市立	1,560	0.2％	1,560
町村立	0	0.0％	0
公益法人	19,240	2.7％	3,207
会社、個人等	0	0.0％	0
合計	722,988	100.0％	

（文部科学省研究振興局『令和2年度　科学研究費助成事業の配分について』令和2年12月より作成）

　博物館のうち科研費を受けることのできる研究機関は48館であり[5]、博物館全体（5,738館：平成30年度社会教育調査）からみれば僅かである。そして、国立館に科研費の獲得が偏在していることは、みてきた通りである。

　このことは、国立館に配置される学芸系職員の研究活動の能力が高いとみるよりも、むしろ都道府県立などは申請できる学芸員数が限られることや、研究活動に割くことのできる時間の少なさ、関連経費の不足、施設面の制約などにより不利な条件にあるとみるべきものと思われる。科研費研究機関であっても国立館と都道府県立館などとのこうした格差の是正は、博物館の研究活動の振興をはかるために、今後解決しなければならない課題である。

2.　学芸員の研究活動とは

　次に、学術会議が提言するように、「学芸員による業務から離れた自由な研究活動の意義も認める」ということに関連して、博物館における研究の位置づけや性格について確認しておきたい。

　博物館における研究は、収集⇒整理・保管⇒調査研究⇒教育普及という博物館

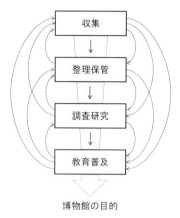

図2　博物館機能の循環関係
（鶴田総一郎1956「博物館学総論」より）

機能上の一部としてある（図2）。各機能は決して個々に独立したものではなく、相互に関連し合いながら総体として博物館機能が成り立っている。博物館の性格によるところもあるが、基本的に各機能は、バランスよく資源配分が行われなければならず、それができてこそ博物館は社会教育機関としての活動成果を上げることができる。

　博物館法では、第4条第4項「学芸員は、博物館資料の収集、保管、展示及び調査研究その他これと関連する事業についての専門的事項をつかさどる」と学芸員が行う専門的業務の一つに調査研究が位置づけられている。「博物館の設置及び運営上の望ましい基準」の第7条には調査研究について「博物館は、博物館資料の収集、保管及び展示等の活動を効果的に行うため、単独で又は他の博物館、研究機関等と共同すること等により、基本的運営方針に基づき、博物館資料に関する専門的、技術的な調査研究並びに博物館資料の保管及び展示等の方法に関する技術的研究その他の調査研究を行うよう努めるものとする」と明記されている。日本博物館協会が定めた「博物館の原則」にも、原則6「博物館は、調査研究に裏付けられた活動によって、社会から信頼を得る」とあり、それに関連して、「博物館関係者の行動規範」には規範6「調査研究：博物館に携わる者は、博物館の方針に基づき、調査研究を行い、その成果を活動に反映し、博物館への信頼を得る。また、調査研究の成果を積極的に公表し、学術的な貢献を行うよう努める」と規定されている。

　学芸員による研究は、資料に関連する学術領域の研究だけではない。コレクション管理に関する収集、整理保管、情報活用、保存科学や、展示、教育普及、地域連携等、博物館に関連するすべての事項が「博物館研究」の対象である。学芸員が博物館研究に取り組む意義は、学芸員のキャリア形成をはかるばかりでなく、研究成果を社会に還元することにあることは言うまでもない。

　学芸員が携わる研究は、個人としてではなく、あくまでも博物館という組織の一員として、博物館の使命に基づいて博物館内の合意形成を踏まえて行われるものでなければならない。博物館の機能上のシステムを維持発展させるため、一部

の機能に偏り全体のバランスを崩すことがないよう配慮する必要があるからである。学芸員がどのようなことを研究テーマとするかは、学芸員が作成する研究計画と、博物館の運営戦略との整合性をはかることによって決められる。

3. 学芸員を研究職と認定する制度について

　学術会議が提言するように、博物館法改正の中で、学芸員を研究職と認定することについては、次のような理由から問題があると思う。

　第1に、提言では、学芸員に業務から離れた自由な研究活動の意義を認めているが、学芸員の研究は先述したように博物館の使命に照らし合わせて行われるものである。学芸員がそれを踏まえずに個人的に自由に研究することになれば、博物館のガバナンスが働かず、博物館機能のシステムに障害を生じさせる懸念がある。

　第2に、研究職に認定される学芸員を制度的に位置づけたとしても、現状の科研費研究機関に指定されている国立館と公立館など大規模な館が恩恵を受けることになり、大多数の館は取り残されてしまうと思われる。実際のところ大多数の中小の博物館現場では、調査研究に一定のエフォートを割けない状況が恒常化しており、仮に学芸員を研究職に位置付けても実現性を期待することは難しいと思われる。総合調査からも明らかなように、博物館現場は展示活動や教育普及の業務に偏っている。展示活動とは特別展や企画展などの展覧会のことであり、教育普及とは講座、講演会、アウトリーチ活動、ワークショップ、ボランティア養成、ギャラリートークなど幅広い活動を総称する。いずれも対外的な活動として、財政難の地方公共団体にとっては利用料金（入館料など）を少しでも増やして赤字分を補填することや、利用者サービスのために、その充実をはかることが設置者から求められているからである。

　学芸員を研究職に位置づけるためには、地方公共団体の人事制度や予算の確保などの点での問題もある。人事制度上は研究職としての発令、専用の俸給表を適用することになるが、人事制度の変更は地方公共団体に任されている。また、予算的にも科研費の機関指定を受けるために、地方公共団体は一定額の個人研究費を負担しなければならない。しかし行政改革や厳しい財政状況のなかで、地方公共団体がその負担をするかどうかは疑問である。それが不可能ならば国が補助す

ることも想定されるが、それを期待することもできそうもない。さらに、国が地方公共団体の人事制度に注文をつけることは、地方分権に逆行しているともいえよう。

第3に、学芸員の二区分案は学芸員同士の心理的な分断や、学芸員の上下関係による階層化を招くことになり、学芸員同士の信頼関係が軋むことになりかねない。学芸員は他館の学芸員とは対等関係のもとで、資料の貸借や情報交換、共同調査、共同企画展、巡回展、研修などを実施している。今後、地域の大型館と中小館との連携やネットワーク形成が求められるが、その前提は学芸員の対等な人間関係があってのことである。

現状、中小規模の博物館の学芸員たちは、少人数の体制で、日常的に多岐にわたる業務をこなしている。資料の収集、整理保管、調査研究、展示、教育普及に関する様々なイベントなどのほかにも、館によっては会計や庶務などの事務業務、地域では市民や団体、学校との連携において教育者の役割もこなしている。それぞれに業務をこなすなかで、学芸員としてのプロの自覚が生まれ、地域や市民からは信頼を受けている学芸員は多い。

学芸員はそのスキルや知識、経験、思いをもって組織で働き、それに対して昇給や昇進、実績、人とのつながり、やりがい、名誉等を得ながら、キャリア形成をしているのである。ところが、「一種学芸員」と区別されて、「二種学芸員」になれば、学芸員たちのキャリアが否定されることが懸念される。

第4に、博物館は社会教育機関であるにもかかわらず、研究職に認定される一部の学芸員を上位に置き、一般の学芸員を下位に置くという学芸員の二区分案は、下記の理由からも理解に苦しむ。

博物館は、昭和26（1951）年に博物館法が制定されて以来、教育法の体系に位置づけられてきた。また、博物館学研究からも教育機関と定義されてきた。例えば、鶴田総一郎は博物館を、その業務の成果を一般に教育普及させることを目的にする社会教育機関と規定した(6)。加藤有次も同様の見解を示しながら、かつ博物館が各地に存在する意義について、その土地や地域に特有の文化を保存し、未来の社会に活用する必要性を説いている(7)。倉田公裕・矢島國雄も、博物館は博物館活動を行い、社会の教育を役割とする機関であると定義する(8)。最近では、鷹野光行は改めて博物館が教育機関として生涯学習のための機関であることを力説している(9)。

つまり、博物館は資料を収集、保管整理、調査研究、教育普及するという機能

をバランスよく循環させることにより、地域の生活・文化の向上をはかるための社会教育機関である。それは、これまでも、これからも変わりない。博物館法の改正にあたっても、その根本的な考え方は変わらないはずである。

おわりに

　博物館の学芸員は、社会的な使命を達成するために、資料収集、整理保管、調査研究、展示、教育普及などの業務を行う。現実のところ、大多数の学芸員は1人から数人の少人数体制で、限られた予算をやり繰りしながら運営している。設置者から効果的、効率的な施設運用と経費の節減を図ることが求められるなかで、入館者数を増やすために展覧会やイベントなど対外的な業務に偏り、調査研究や資料収集、整理保管という博物館の基礎的業務は手薄となっている。そのため、現状では博物館本来の各機能をシステムとして循環させることができず、博物館の使命を達成することが困難な事態になっている。

　一方、博物館の科研費の状況についてみると、国立館や一部の大規模な公立館などが中心となり、大多数の博物館は対象外となっている。研究機関の指定を受けている博物館の中では、採択件数や採択率ばかりでなく、経費の配分額についても国立館が突出している。それは、国立館の学芸系職員は公立館よりもスタッフ数の確保や分業化が進み、研究に割けるエフォートが確保できることなどが理由だと考えられる。

　学術会議が提言するように、学芸員を「一種・二種」に区分し、「一種学芸員」を研究職と認定することについては、博物館のガバナンスが働かなくなり、博物館の運営に支障が生じる懸念がある。学芸員を研究職に認定することは、学芸員の社会的知名度を上げるためには一定の効果はあるだろう。しかし、それは一部の科研費指定を受けた博物館の学芸員に限られたものとなり、大多数の学芸員にとってはキャリアの否定を招き、上下関係による階層化は、博物館の選別化にも発展しかねないことを危惧する。社会教育機関である博物館の差別化はさらに進み、将来的に博物館のすそ野が縮小することにもなりかねない。

　むしろ、法改正では、博物館のシステムを機能させるために必要なスタッフ数の確保、施策や事業を実施するために必要な経費の裏づけが確保されるような対策を優先させるべきである。経営資源に乏しい博物館で業務に見合った人員、経

費などの適正化がはかられるようになれば、展示活動に偏った業務を是正して、学芸員は博物館本来の調査研究に取り組むことができるようになるはずである。また、高度化する専門技能を修得するためには、法改正に関連する諸作業の中で、リカレント教育や研修機会の充実、拡大化を図ることである。

　学芸員を研究者と認定する仕組みについては、より実態を把握した上での議論が必要であり、学芸員を二区分する必然性についての理由付けも、より明確に整理し慎重な検討が必要と思われる。

　　註
　1　日本学術会議史学委員会博物館・美術館等の組織運営に関する分科会（提言）「21世紀の博物館・美術館のあるべき姿──博物館法の改正へ向けて」平成29（2017）年7月20日
　2　本書付録 I
　3　本書付録 I 、124頁
　4　公益財団法人日本博物館協会『令和元年度　日本の博物館総合調査報告書』2020年
　5　本書付録 I 、141頁
　6　鶴田総一郎「博物館学総論」『博物館学入門』（社団法人日本博物館協会編）理想社、1956年、20-21頁
　7　加藤有次『博物館学序論』雄山閣出版、1977年、56-73頁
　8　倉田公裕・矢島國雄『新編博物館学』東京堂出版、1997年、12頁
　9　鷹野光行「博物館法のあるべき姿に向けて」『日本の博物館のこれからⅡ──博物館の在り方と博物館法を考える──』（研究代表者　山西良平）、2020年、29-32頁

　謝辞　本稿の執筆にあたり半田昌之氏には草稿をお読みいただき有益なご助言をいただきました。記して感謝申し上げます。

本稿は、法政大学資格課程年報Vol.10の拙稿「日本学術会議史学委員会博物館・美術館等の組織運営に関する分科会が提言する学芸員の二区分案について」（2021年3月）を再掲したものである。

参考資料　博物館の設置者別による科学研究費補助金の採択状況

(文部科学省研究振興局『令和2年度　科学研究費助成事業の配分について』令和2年12月より作成)

(国立)

機関名		採択件数 (件)	経費合計 (千円)	基盤研究の件数(件)			新規応募 件数(件)	新規採択 件数(件)	新規採択 率(%)
				A	B	C			
国立民族学博物館		67	177,580	5	12	23	39	19	48.7%
独立行政法人国立科学博物館		43	109,258	2	7	25	43	13	30.2%
国立歴史民俗博物館		29	133,380	6	9	8	26	7	26.9%
独立行政法人 国立文化財機構	東京国立博物館	25	57,460	1	6	9	28	10	35.7%
	九州国立博物館	7	24,960	1	2	2	5	2	40.0%
	奈良国立博物館	5	13,000	1	1	0	3	1	33.3%
	京都国立博物館	4	4,420	0	1	2	7	2	28.6%
独立行政法人 国立美術館	国立西洋美術館	2	6,630	0	1	1	2	1	50.0%
	東京国立近代美術館	8	8,320	0	0	6	3	1	33.3%
	京都国立近代美術館	1	780	0	0	0	0	0	──
合　　計		191	535,788	16	39	76	156	56	35.9%

(都道府県立)

機関名	採択件数 (件)	経費合計 (千円)	基盤研究の件数(件)			新規応募 件数(件)	新規採択 件数(件)	新規採択 率(%)
			A	B	C			
北海道博物館	17	19,760	0	2	9	10	5	50.0%
滋賀県立琵琶湖博物館	13	17,160	0	2	7	14	3	21.4%
神奈川県立生命の星・地球博物館	12	9,230	0	0	8	8	3	37.5%
千葉県立中央博物館	11	18,720	0	1	5	17	3	17.6%
神奈川県立歴史博物館	9	8,060	0	0	6	5	0	0.0%
新潟県立歴史博物館	6	7,800	0	0	6	7	3	42.9%
九州歴史資料館	6	15,990	0	1	2	15	4	26.7%
山梨県立博物館	3	2,210	0	0	2	7	1	14.3%
兵庫県立人と自然の博物館	3	5,070	1	0	2	4	0	0.0%
栃木県立美術館	2	2,600	0	0	1	0	0	──
神奈川県立近代美術館	2	2,080	0	0	1	3	1	33.3%
神奈川県立金沢文庫	2	3,250	0	0	2	2	1	50.0%
東北歴史博物館	1	390	0	0	1	2	0	0.0%
群馬県立自然史博物館	1	910	0	0	1	2	0	0.0%
和歌山県立博物館	1	1,560	0	0	1	2	1	50.0%
徳島県立博物館	1	1,690	0	0	0	2	1	50.0%
合　　計	90	116,480	1	6	49	100	26	26.0%

(指定都市)

機関名	新規+継続					備考		
	採択件数（件）	経費合計（千円）	基盤研究の件数(件)			新規応募件数（件）	新規採択件数（件）	新規採択率（%）
			A	B	C			
地方独立行政法人大阪市博物館機構※	28	29,900	0	1	17	40	10	25.0%
北九州市立自然史・歴史博物館	11	16,380	0	1	8	10	5	50.0%
京都市動物園	3	3,640	0	0	0	2	1	50.0%
合　　計	42	49,920	0	2	25	52	16	30.8%

※大阪市立美術館、大阪市立自然史博物館、大阪市立東洋陶磁美術館、大阪歴史博物館、大阪市立科学館の合算

(市立)

機関名	新規+継続					備考		
	採択件数（件）	経費合計（千円）	基盤研究の件数(件)			新規応募件数（件）	新規採択件数（件）	新規採択率（%）
			A	B	C			
横須賀市自然・人文博物館	2	1,560	0	0	1	4	0	0.0%
合　　計	2	1,560	0	0	1	4	0	0.0%

(公益法人)

機関名	新規+継続					備考		
	採択件数（件）	経費合計（千円）	基盤研究の件数(件)			新規応募件数（件）	新規採択件数（件）	新規採択率（%）
			A	B	C			
公益財団法人大和文華館	5	5,330	0	0	4	3	3	100.0%
(財)古代オリエント博物館	3	7,280	0	1	2	3	2	66.7%
公益財団法人日本モンキーセンター	2	3,120	0	0	2	1	1	100.0%
公益財団法人泉屋博古館	2	1,950	0	0	1	0	0	―
公益財団法人出光美術館	1	650	0	0	1	0	0	―
公益財団法人立山カルデラ砂防博物館	1	910	0	0	1	0	0	―
合　　計	14	19,240	0	1	11	7	6	85.7%

アカデミアの一部としての博物館、
社会の中の博物館

佐久間 大輔
（大阪市立自然史博物館学芸課長）

はじめに

　四半世紀前の昔話から始めることを許してほしい。当時、生態学を学ぶ身として大学院生を送った私は、生まれてほやほやの京都大学生態学研究センターで大変刺激的な研究室生活を過ごすことができた。熱帯林の林冠の生物多様性を追うプロジェクト、シロアリが担う分解系や生物群集に本格的に挑戦し始めた数理生態学。毎晩のように院生も教官も論壇風発、後に様々な花を咲かせる種がたくさんまかれた、これぞアカデミアという場だった。

　その中で禅問答のように、「グローバルな成果」とは何か、という対話が何度もされたことをよく覚えている。当時、新たなCOEプロジェクトが始まったところで、教授陣は「グローバルに通用する成果でなければあかんのや」と息巻いていた。一方で大学院生だった私は、「グローバルに通用する仕事が素晴らしいのはもちろんとして、ローカルに固有な価値というのを研究者が認めていくことも大事な仕事ではないか」、と机をたたきながら書生らしく対抗弁論をしたことを覚えている。「おまえの研究に対する心構えを見せてみぃや」的な日常のことでもあり、書生の意見に「そやけどな……」と抵抗しつつ理路整然と潰しにかかるわけではない当時の教授陣も懐が深かったのだとも思う。当時、博物館に学芸員として就職するとは全く想像していなかったのだが、「グローバルな価値だけではないローカルな価値」という主張は、ある意味自分を規定する視座の一つともなっている。全く言霊というのは恐ろしい。

　今回、本書への寄稿の機会をいただくにあたり、私としては「学術会議から博物館へ頂いた2つの提言への博物館学芸員の立場からの回答」という立ち位置で書かせていただいた。博物館をよりよくするための貴重な提言をいただいたと考える一方、学術界全体の中に博物館をどう位置づけるのかをしっかりさせる必要があると感じたからだ。そして、社会の中でどう機能していくのかという展望を持って、博物館の改善を図るべきだと考えたからだ。その上で提言の趣旨を実現するために博物館を活かす方策をより具体的に考え、そして一緒に社会の中での必要性を提言したい、という論調で書いている。読者にもぜひ俯瞰的に学術界と、その中の博物館とを考えていただければ幸いだ。

1. 博物館の機能を考える

　博物館が人文、自然科学を含め、有形・無形を問わず、あらゆる文化資源を社会の中で保持する機関であることは論を待たないだろう。これは言い換えれば、地域の文化資源を過去から現在に、そして未来につなぐ機関であるということである。これが博物館の最も基本的な第1の機能といえる。しかし、博物館の機能はそれだけにはとどまらない。改めて掘り下げてみよう。

　第2の機能は、社会の中の学術機関として、学術界に蓄積された成果を社会につなぐ機関としての役割がある。博物館は図書館とともに社会教育法によって規定される機関とされる。学校教育を終えた多くの人々にとって、数少ない学習の機会となっている。あらためて歴史、環境、国際理解に対する学び直しが要請されSDGsの推進が政策課題にあがる今日、実物資料により高い説得力でそれらを伝えるミュージアムの役割が失われたとは思えない。

　第3の機能として、社会の中で紡がれる学術活動をアーカイブし、再活用する機関という側面がある。1990年代以降「生涯学習」は中央教育審議会などにより推進され、ミュージアムもまたその主要な舞台の一つになった。科学系の博物館では「市民参加型調査」、「市民科学」などの活動も活発化している。アマチュア研究者が学習を深め、丹念に集めた資料に価値を見いだし学術資料として活用するのは、博物館らしい特色のある活動だろう。

　博物館の役割拡大は近年ますます加速している。欧米では、博物館が市民参加の場となり、社会関係資本を強化する役割を担う。高齢者や障害者も含め、孤立しがちな人々の福祉（well-being）には大きな役割を果たすと言われている。博物館はむしろ社会に積極的に関わり自らの価値をまちづくりに広げ、より広範な市民を招き入れる。利用者の多様性を重視して、包摂的な博物館作りに注力している。博物館は学びの場を超えて、参加の場となり、社会の中の合意形成を図る対話の場となり、民主主義を育む基盤とまで言われるようになった。[1]文化観光に貢献する、というのは博物館の一側面でしかない。むしろ地域の文化を担う様々な人々の関わりの基盤を担う施設として博物館は存在している。2019年京都で開催された国際博物館会議は、地球規模の困難に立ち向かうこの社会の中で博物館が果たす役割を鮮やかに描き出していた。"Think Globally, Act Locally"の言葉通り、

地域を担っていた博物館の活動こそが世界につながっている。

2. アカデミアの一部としての博物館

　資料を管理する博物館の価値は、時代とともに研究活用の上でも重要性を高めている。人文系でも、自然系でも、地域に入れば資料が得られる、という時代ではなくなりつつある。過疎と高齢化、経営的な困難さにより村落が崩壊し、歴史資料は旧家や社寺ではなく、博物館に保管される。自然が変化していく今日、かつて普通であった生き物も博物館の標本でしか分析資料が得られないことも少なくない。もとより、通常は調査に訪れた時点で維持されている「同時代」の資料しか得られないのに対し、博物館にはしばしば過去のある時点でその時代の研究者が収集した資料がセットで残されている。それらの資料群はタイムマシンが開発されない限り得ることのできない、しかも過去の研究者の注釈入りの資料である。大阪の自然史博物館には干拓前の巨椋池で三木茂が採集した水草が標本として残り、粉川昭平が調べた遺跡の植物遺体、菌学者本郷次雄が調査した痩せたマツタケ山の菌類標本が残る。これらの多くは現在入手したくてもその環境が失われており、博物館でしか手にすることができない。これらは、過去を未来につなぐ、「博物館の第1の機能」に相当する。

　よく整理された博物館資料は、学芸員だけでなく広く研究者にとって「宝の山」といえる重要な研究資源である。こうした資料を活用する外部研究者の受け入れは十分に打ち合わせができ、互恵的なものである限り、多くの博物館で歓迎される。歴史、考古、民俗そして自然史系博物館においても、大学など外部研究者の利用受け入れは重要な活動の一部であり、なおかつ学芸員の貴重な研究交流の機会でもある。

　博物館の持つ資源は資料だけではない。人材育成の拠点としても博物館は大学とともに活動してきた。特に、地方では近隣の大学とともに博物館は研究会運営の拠点となり、資料解釈を進め、人材生産がされてきた。学生だけでなく、教員、アマチュア研究者など多様な人材が関わり、様々な分野、地域で重要な研究コミュニティの核をなしてきた。博物館は市民の科学参加にとって非常に重要な機関である。アカデミア側から見れば「博物館の第2の機能」の活用だろう。結果として博物館周辺には地域事情に通じた高度な人材が蓄積されている。

　資料やアマチュア人材には恵まれる博物館だが、図書館など内部に様々な資源を持つ大学に比べ、研究機関としてはやはり脆弱だ。研究スタッフの数も、設備も、資金もはるかに少ない。博物館が研究機関の端くれでいるためには、博物館同士だけでなく、大学まで含めたアカデミアの連携、ネットワークにつながっていることが必要不可欠なのである。

　地域の、ローカルな価値を見出し、それを「グローバルな学術的価値」に照らしながら解釈して位置づけていくことは博物館の本来機能である。この機能を果たしていくためには、アカデミアの中で「博物館は学術資源を過去から未来につなぐために、地域から世界につなぐために、アカデミアから社会につなぐために必要な機関である」と再定義し、研究者世論をアップデートすることが欠かせない。博物館を様々なネットワークに再接続していくことこそが重要なのである。その上で、個々の機能を充実させていくためにも、博物館に対しその役割に見合う必要な投資を行う必要がある。

3．資料保全機能増強の必要性

　1981年に大学所蔵自然史関係標本調査会は、当時大学に所蔵されていた数多くの重要な資料群を報告していた。[(2)] しかし近年、この機能は圧倒的に脆弱になってしまった。教員の退官にともなって、蓄積された資料が次の教員に引き継がれず、大学に保持されることもなく、放出の危機を迎えることが増えた。教官が個人として持ち帰るか、うまく進めば地域の博物館に収蔵される。大学博物館はまだ一部の大学にしかなく、その資料保持の機能も未だ脆弱である。主要大学博物館においてすら資料保全に十分な費用支出がされているとは言いがたい。資料は将来の研究資源であるとともに、過去の研究の再検証可能性をになう存在である。あらゆる分野において再検証可能性が重要となっている今日、研究の推進と根拠資料の保全は両輪となる。しかし、その資料の保全は大学ではなくむしろ地方博物館が担っている現状にある。人文科学や自然史科学を中心に、大学と博物館は資料に関しても補完的関係にすらあるといってもいい。研究活動のアーカイブは「博物館の第3の機能」のアカデミアへの適用拡大ともいえる。

　様々な機関がそれぞれの役割を担ってこそ、アカデミアという生態系は維持され発展していく。大学と博物館とは、その他の研究機関、図書館やデータセン

ターなどともに必要な構成要素なのである。過去膨大に蓄積された文献を「巨人の肩」に例えるのであれば、その文献の再検証可能性を支える博物館の資料群は肩を支える「巨人の腰骨」とでもいうべきだろうか。博物館をはじめとした資料保全施設はアカデミア全体として支えなければいけない機関だと考えている。博物館は過去を保存する機関であるとともに、現在を記録し、未来につなげるための機関なのだ。

　しかし今日、各地の博物館の資料保全機能も限界を超えている。前述のような過疎化などによる地域社会の資料保持機能の喪失により、村の旧家や公民館、学校などから資料が博物館に寄せられ、さらに地域の資料館から中核的な博物館へと流入している。これらに加え、大学や研究機関からの資料流出も続く。収蔵庫は物理的に溢れている。収蔵庫の増設を、早急に、計画的にはかる必要がある。いくつかの博物館をカバーする地域の拠点になる収蔵庫や、場合によってはナショナルセンターへの集約など、効率的かつ、「オンリーワンの資料を一つも置き去りにしない」保全体制作りを求めたい。博物館の収蔵能力不足は、現在の学術界の成果を将来につなげる体制がなくなるということである。博物館総合調査でも、学芸員へのアンケートでも収蔵庫の不足が最も懸念されている問題となっている。「どこかの博物館の困った状況」ではなく文化資源をいかに将来につなげるか、アカデミア全体の問題としてともに取り組んでいただきたい。

4. 博物館の研究活動を再検証する

　地域博物館の多くは零細な機関である。外部研究費を得て研究活動を推進している博物館は一部の拠点的施設、大学博物館や国立館などごく少数派だ。多くの博物館にとって、大学のように毎年のように研究成果をあげ続けることは現実には難しい。博物館の様々な業務のなかで研究業務の優先順位はそれほど高くない。学芸員個人に聞いても組織的代表の回答でも、重要な業務は「展示」、そして「資料の維持」という回答が多く集まった。教育業務もそれなりに重要視され、その次にようやく研究業務が来る。目の前の使命を果たすことに力を集中しなければならない現状がある。学芸員本人たちも論文を書いていない以上「研究できていない」のだという意識にとらわれている。しかしそうだろうか。

　資料に正確な情報を元にラベルをつけ、目録を編纂することももとより重要な

研究活動である。今日、こうした学術資源を整理公開すること自体も「データペーパー」などとして研究業績に認められるようになっている。もとより、通常の論文を公開するに当たっても調査した生物のゲノムをデータベースに公開すること、分析したデータを公開すること、そしてそれらを再利用できるようにすることが求められるようになっている。資料の登録と公表は、学術活動の重要な一段階として再び強く求められ始めているのだ。この流れは自然科学系にとどまらず人文科学系にも次第に及ぶであろう。欧米ではすでに人文科学のためのデータペーパー専門誌なども登場している。それならば博物館の資料目録をしっかりと学術業績と位置づけるべきではないか。資料性の高い展覧会図録や、公開された資料データベースを学術貢献に認めたい。そして、その構築のためにも研究資金が配分されるべきだと考える。

　現状でも、博物館学芸員は学術的な貢献をしているのである。それを測る尺度が大学のそれとは異なるだけだ。大学と同じような成果もつくりたいと思っても、時間、資金、業務的な位置づけなどの条件がない。制度だけではないのだ。現在の学芸員の学術貢献を正当に認めることから始めていきたい。

5. 博物館の学術貢献を認めていくために必要な環境づくり

　博物館の資料目録、図録、データベース、さらにいえば研究紀要などが学術成果として認められにくいことの1つの原因にはその流通性の悪さが大きく影響している。学術成果の流通が妨げられている理由にはネット上での発信が不十分である事が主要因としてあげられる。そこには3つの原因があると考えている。

　1つはこれらの成果が販売物として作られてしまっていることにある。販売物を無償公開することにまだ抵抗がある役所、会計的に難しい法人もある。小規模学会が無料公開するのが難しいのと同様だ。大阪市立自然史博物館の場合には、最初から紀要の印刷は成果の流通が目的として、印刷コスト以上の値段をつけていなかったため、販売数の減少は特に問題にならず、ネットでの無償公開に比較的早く踏み切ることができた。

　2つ目は自治体ネットワークの中からの学術コンテンツを発信することの難しさがある。CMS（定型的なコンテンツのみ表示させ、期限で削除するシステム）で管理された役所のホームページから独立できない小規模博物館で大きな問題になる。容

量が限られ、書式が定まり、さらにURLがしばしば変わり数年でアクセスできなくなる、「適時情報公開」を目的とした行政情報ページで、博物館の持つ学術資源を安定的に公開することは難しい。くわえて掲載や修正権限が博物館自身にない場合にはさらに困難になる。博物館が独自の学術発信を支障無く行える仕組みの構築が望ましい。そのためにはNII（国立情報学研究所）やNDL（国立国会図書館）などのような大学の学術情報の基盤となっている組織が、博物館向けにもポータルを担ってもらえるとよい。博物館が5,738館あるといっても、担う学芸員の数も全部で8,400人程度と全部合わせても大きな大学2〜3校レベルの研究者数だ。学術ネットワーク全体からすればそれほど大きな投資ではないだろう。

　3つ目は単純に発信に割けるマンパワーの問題だが、この解決策は各博物館への博物館の経営改善のための資金投入をできるか、あるいは拠点での業務集約で効率化を図るかのどちらか、または両方であろう。

　博物館一つ一つに発信力の強化を支援するとともに、データセンターなどの支援機関を設け、博物館が動きやすい環境、生態系を用意するといった手法は他の様々な事業にも応用できるだろう。文化遺産防災でも、地域での文化観光開発にも、博物館の相互扶助体制を形成するためにも中核拠点形成は必要だ。大学など他の機関とのネットワークと合わせて博物館同士でのネットワーク形成も重要な課題である。

6.　博物館を地域社会に役立てるコミュニケーター人材を

　第1節で述べたように、博物館は社会教育施設として、生涯学習施設として、そして近年では社会福祉や地域の文化産業の中核として、民主主義養成の場としてまで役割が期待されている。正直現状の経営資源だけでは（人的にも資金的にも）とても単独では実現できないようなことばかりである。

　外部との連携を強めるにしても、博物館自身の力を強めていかなければ、忙しさの中に摩耗してしまうであろう。連携の目的は博物館の価値を社会の中に広げるため、博物館の価値を用いて社会に貢献するためである。根本には博物館の価値の発信力が無ければならない。そのことを踏まえると、どのようなスタッフの強化を図らなければならないかは自明である。第1にはすでに述べたような資料や地域の価値を探索し、発見し、それを伝える歴史や考古、民俗、自然科学など博

2019年のICOM京都大会では、博物館もSDGsの17の目標も推進する担い手であることが決議された

物館の専門性に関わる能力がやはり必要になるのだ。第2には資料を専門するだけではなく、社会とのコミュニケーションを専門とするスタッフも強化していく必要を挙げておきたい。教育や展示室でのコミュニケーションも担う学芸員や図書館司書は専門職として資料と利用者の両面を担うよう基礎的な教育は受けているが、その重要性はもはや兼務では収まらない領域に達している。インバウンドを含めた国際交流や文化観光など、新しい課題もどんどんと出てきている。ICTの活用により、教育・広報・コミュニケーションの間の境界は曖昧なものになり、一体の取り組みが必要になった。役割の拡大によっては福祉業界との連携も重要になる。連携相手がいればすべて任せられるということではなく、活動を自らデザインするために、異分野とのコミュニケーションを担う専門スタッフが必要になる。博物館の価値を社会に持ち出す「アウトリーチ」だけではなく、もしも社会の中で課題を集め、政策立案や博物館の活動デザインに活かすことをめざす「アドボカシー」まで取り組むのであれば、コミュニケーションを担う人材はより重要になるだろう。

　博物館がSDGs（持続可能な開発目標）の達成に貢献することをめざすのであればコミュニケーションはより重要になる。博物館は目標4.「質の高い教育をみんなに」に貢献する機関であるが、1.貧困、5.ジェンダー、17.パートナーシップ、14.15.の海や陸の自然保護、さらには8.文化産業を通じた経済成長など様々な目標にも関与する潜在的可能性を持っている。目標4.に限ってその実現を展望しても、たくさんの乗り越えなければならない課題がある。博物館を含め、社会教育

施設・生涯学習施設の利用は、もともと文化資本の高い利用者に偏りがちである。学習を必要とするより広範な市民へ、病院学級などより利用が困難な人に、企業人など新たな利用者へと拡大をしていくためには、やはりアウトリーチとニーズを拾うアドボカシーが欠かせないのだ。

　再び、博物館のみならずアカデミアの課題に還元したい。大学も地域連携などの拠点を形成し、自らの成果を社会に広げ、社会の中から課題を得て研究につなげる実践的な貢献を考えているだろう。こうした時に、博物館など地域の中にある拠点と連携することの効果は大きい。日本の学術資源を社会の中に、SDGs推進のためにどう還元するかを考えるとき、博物館の機能強化は強力な手段となるはずだ。学術会議が博物館の問題を真剣に捉え、今また文化庁も博物館に注目している今日の状況の背景には、本稿に記したような博物館の大きな可能性を皆が感じているからだ。それを発揮していきたい。博物館を抜きに「ローカルな価値」を世界に向けて輝かせていくことは難しいと確信している。

　博物館が健全に発展していくためには、それを必要とする社会の支持、文化・学術基盤として位置づけるアカデミアの支持は必要条件である。そして同時に、活動を実現し維持する経営基盤が欠かせない。今回は基礎となる前者のみに紙幅を費やしたが、後者もしっかりと議論を重ねていく必要がある。改めての機会としたい。

注
1　佐久間大輔2020「ICOMの指し示す自然史博物館の将来の機能」金属90(9)：704-709
2　大学所蔵自然史関係標本調査会編『自然史関係大学所蔵標本総覧』日本学術振興会、1981年、452頁
3　公益財団法人日本博物館協会編『令和元年度　博物館総合調査報告書』日本博物館協会、2020年、354頁

シンポジウム パネルディスカッション

芳賀　満 編
(東北大学教授)

半田　シンポジウムのまとめとしてパネルディスカッションを行います。発表者の皆様がご登壇されますが、佐々木秀彦さんはお仕事の都合で残念ながら欠席となっております。パネルディスカッションの司会は、東北大学教授の芳賀満さんにお願いします。

芳賀　パネルディスカッションの司会を担当いたします、東北大学、および『提言』を発出し、このシンポジウムを企画し主催する日本学術会議史学委員会「博物館・美術館等の組織運営に関する分科会」委員長の芳賀です。パネルディスカッションと質疑応答は一括して行い、その内容は主に(1)新・認証制度、(2)学芸員制度に集中したく思います。

新・認証制度に関して

芳賀　パネリストの皆様、改めて登録制度に代わる新しい認証制度についてのご意見をお願いいたします。大阪市立東洋陶磁美術館の小林仁様からも「認証制度についての話など興味深く拝聴しました。登録制度の一元化の必要性は強く感じており、認証の基準、種類の妥当性、メリット（補助金、ステータス、ネットワークなど）など議論すべきことは多いとは思いますが、期待しております。観光のお話もでましたが、それとも関連して利用者はじめ一般の方にも分かりやすい認証制度という点について、パネリストの皆様のご意見いただければ幸いです」とご意見を頂いています。

栗原　認証制度については基本的には先ほど申し上げたとおり、現行の登録制度の欠陥を補うことが最低限やるべきことであり、よく言われているように、外形的基準ではなく、質の基準を担保しなければならない。そのためには1回登録なり認証したらそれでおしまいではなく、必ずペリオディカルな、定期的なチェック、確認というものを最低限やる必要があります。また、現実問題として登録制度を担当している各都道府県・指定都市教育委員会において、なかなか人材がいないという問題も抱えているので、これを第三者機関によって担保するということが基本だと思います。それを法制度として実現するためには、どうするかということを、これからしっかり議論する必要があります。

小佐野　私のほうは発表した側でありまして、別段付け加えることは無く、栗原さんと全く同じ、これからどのように設計していくかと。その場合佐々木さんがお出しになりました資料の中にあります、今までの都道府県の教育委員会をどのように関与させるかという点が焦点になるかと思います。とりわけ国立博物館や大学博物館等、新しいところをどのようにその対象に加えていくか、というところがあるかと思います。

芳賀　認証制度に教育委員会を関与させるべきだとお考えですか。

小佐野　ともかく申請の受付はそこがやらないと、現在登録している博物館に不利になりますので、経由するという形は取らざるを得ないだろうということです。そして地方教育委員会を経由して第三者機関に。ただしその場合、大学の博物館などをどのようにこの仕組みの中に組み込めるかというところが課題になるかと思います。

井上　私は新たに検討されている認証制度につきまして、国際的な動向と寄り添うシステムにしていく必要があると思います。国際的な博物館の動きに、日本の博物館もそこで求められている役割等を取り入れられるところは積極的に取り入れていく、そういったことをサポートする仕組みとなってほしいと思います。また評価の指標としては、加点式でグッド・プラクティスを評価していくものが望まれます。欠点をあげつらうようなものではない制度が望ましいです。そうすることで現場の士気も上がっていくと思います。また市民の声も何かしらの形で掬い上げる評価システムが求められていると考えております。

芳賀　新しい認証制度は全5,700程の博物館を、下の方からを削って落とすのが意図では全くありません。井上先生のおっしゃるとおりに、逆に下から上に支え盛り上げるという基本理念が非常に大事だと思います。その際、現場の、特に地方の中小館の学芸員の立場で考えることが大事です。
　　さて、国際的な認証基準に寄り添うのが大事とのことですが、その場合どの国の制度が参考となるでしょうか。我々日本学術会議の『提言』ではイギリスとアメリカとを検討して、特にイギリスが参考となると考えました。

井上　現在、外国の認証制度について日本語で説明されている事例は、ごく限られた国でしかない現状があります。しかしながら、どの国でも自国で新しい認証制度などを取り入れようとした場合、先行事例を参考にする

という流れが当然ありますので、そういう意味では日本もイギリスの制度を参考にしつつ、他の国の制度、特にアジア諸国・近隣諸国の制度も、まだ日本語で紹介されていない例も多くありますので、目を向けていく必要があるのではないかと思います。

芳賀　そもそも学芸員の制度はむしろ韓国が進んでいるという今日の小佐野先生のご報告でした。参考にしていきたいと思います。

松田　海外の制度に関してですが、平成25年度に文科省の委託事業で日本博物館協会が「諸外国の博物館政策に関する調査研究報告書」を出しています。この報告書はPDFで公開されていますので、そこで他の国の認証制度を限定的ながら確認できるということを一応報告しておきます。

　私も『提言』を作った側になります。本日の議論を聞いていて思ったのは、認証制度や登録制度に関する議論はテクニカルなものになりがちですが、本来であれば、その議論を行う前に、今後の日本の博物館がどうあるべきかという大きなビジョンを討議したいということです。私に宛てたコメントに、認証制度がどのようなメリットを博物館にもたらしうるのかを検討する前に、社会で散見される博物館不要論への対応を考えるべきではという指摘がありましたが、これもやはり、制度のテクニカルな事柄を考える前に、我々は博物館をどうしたいのかという大きなビジョンの共有が必要だ、というご意見だと理解しました。まさにその通りだと思います。

　ただ一方では、そういった大きな理念やビジョンを考えつつ、同時に制度を動かしていかねばらならないことも事実です。可能であれば私はもっと理念を語りたいのですが、今はその場ではないという思いから、あえて自分の願望を抑えながら、制度について述べることにします。

　日本の博物館制度をどうするかという話ですが、登録制度については、『提言』に書かれているように、認証制度に変えるべきだというのが、私の意見です。イギリスの認証制度をそのまま採り入れるべきだとは思いませんが、かなり参考になると思います。具体的に言えば、認証要件は最小限にし、可能なかぎり多くの館が認証を獲得できるようにする。その認証要件は、現行の登録制度で採用されているような外形的なものではなく、各館が実質的に博物館活動を行っているかどうかを確認できるものにする。10年おき程度で再認証審査を受けるようにする、といった

事柄です。

　また、国が行う博物館の助成・振興のための事業においては、認証を受けた館が優先的に採用されるように導く。あるいは、あと少しの努力で認証要件を満たせるような館——と僅かの努力で収蔵品台帳や収蔵庫を適切に整えられるような館——に対しては、その認証取得を促すような公的支援策を設けるというのが、私が考える認証制度のイメージです。

芳賀　私も『提言』を発出した側ですが、その際にはイギリスの制度を一番参考にいたしました。一番参考になったことは「ベーシック・クオリティー・スタンダード」、最低限の基準による質保証、という考え方です。これをイギリスから習う、そのような認証制度でありたいと思います。

栗田　お話を聞いていて少し気がついたのが、現場のニーズとしてはやはり今、人員と施設面での限界が来ているということもあったと思います。昨今、文化庁は観光立国を目指して非常に多くの補助金を出してるのですが、基本的には施設に対しては補助が出ません。ソフトとか事業の補助だけでは現場の要求に応えていないということなので、現在橋やトンネルがあちらこちらで傷んでいて、という話があるように、戦後高度成長期にできた博物館が今疲弊していて、観光立国を進めるために不可欠な文化的社会資本が保存されない危機にあるとすれば、やはり認証博物館のメリットとして、収蔵庫等の施設整備補助も入れていく。かつては新設博物館の補助がありましたけれども、そういうことも強く、現状の政府の施策に噛みあう形でうまく提言できていったら良いのではないか、というのが感想です。

芳賀　神奈川県立生命の星・地球博物館の瀬能宏様から「収蔵庫がオーバーフローしている。博物館が展示主体の施設であるとの認識が設置段階では支配的だが、保管収蔵施設などについても検討すべきではないか。収蔵庫の面積基準についてはどのように考えているか」との質問が来ています。栗田先生がおっしゃった、施設の限界についての具体的な指摘ですが、こういう基準も認証制度には含めてゆけばよろしいのでしょうか。

栗田　そうだと思います。メリットの話に関連して、補助金のあり方が地方分権化に伴いハード面には難しくなったという話もありますけど、観光資源の根幹の博物館資料が壊れてしまっては仕舞いですので、それを死守するための支援を積極的に進めることを、特例として認めていくような

認証博物館制度、そういう補助ができるような形になると良いと思います。

金山　認証制度については2つほどあります。1つは今後も現在の教育法体系の中で博物館というものの位置づけは変わらないということになっているようです。そうしますと、社会教育法の理念を、新しい博物館法改正の中にもきちんと入れ込んでいくということが必要だと思います。具体的には先ほど栗原さんからも指摘がありましたけれども、入館料についてはいろいろな事情がありますが、原則無料ということを今後も堅持していくことが必要でしょう。それから博物館協議会の位置づけについても、しばしば形骸化していると言われていますが、そうであればどうすれば機能するのか、ということを問い直して、地域の人達が博物館の運営に直接参加できるような仕組みを今後も維持していくことが必要だろうと思います。

　それからやはり教育の中立性というものを何らかの形で担保していく。確かにこれは「地方教育行政の組織及び運営に関する法律」の改正によって特例措置として首長部局の所管が認められることになりましたが、国会の附帯決議により政治的な中立性に配慮するということが記されました。そこのところを措置していくことを望みたいと思います。

　それからもう1つは、今日は認証制度にともなうメリットについて、予想外に皆さんから多くの意見が出されました。もっともなことだと思います。私も認証制度については博物館の質を担保していくために有効だと思います。しかし、現場の博物館にとっては、質の向上を整備するとともに事務的な手続きなどが生じることになるわけですから、それに対するメリットをどう確保していくのか。どのような具体的なメリットがあるのか。博物館法の改正について、現在、ワーキングや文化審議会の部会で議論される中で、文化庁のほうにもその辺の見通しを確認していくということが必要だろうと思います。それなくして認証制度を議論しても、メリットが不明のままでは、最後に「なかなかその辺の摺り合わせができませんでした、メリットはほとんどありません」と言われたら、せっかく積み上げてきた議論が台無しになります。その辺の合意形成や手続きについて確認をしておきたいと思います。以上2点です。

芳賀　和歌山県立近代美術館の青木加苗様は、「博物館法を抜本的に変えると

いうことは、この国の教育体系を変えるということでもあります。であるにもかかわらず、「賞味期限切れ」「土台が腐っている」など、ご発表者の言葉の端々に、現行法の理念への敬意が感じられないことが、非常にショックでした。井上先生のご発表の主旨にありました通り、博物館における教育的機能はますます求められていますが、日本学術会議の提言も日本博物館協会の報告書などでも、モノだけを重視した博物館像しか描けていないように感じます。現行法が成立したときの理念は『社会教育法制研究資料』などを読めば、他国に対しても誇るべき意識として読み取れます。しかしその当初の理念と目標がなぜ失われているのか、どうして十分に機能していないのかを議論することが必要ではないでしょうか。管見では、国および博物館側の社会教育法および教育委員会の軽視と、同時に行政および教育委員会側が学校教育ばかりをみて、社会教育および博物館教育を軽視してきたことが問題の根底にあると感じています」であるから、「社会教育法および教育委員会というこの根底の部分を博物館界だけでなく社会と共有できなければ、今後の議論をいくら重ねても、結局は空回りで終わるように思っています。また、博物館法改正が、「親法」である教育基本法、社会教育法の空洞化を招くことにならないかという強い懸念も抱いています」と指摘なさいます。

　そのためにも空でない具体的対応として、認証制度において認証される博物館にメリットが与えられるというのは非常に大事だと思います。それは特に佐久間さんを中心に、文化庁の文化審議会博物館部会博物館法制度の在り方に関するワーキンググループでも検討されています。

佐久間　認証制度、登録制度を考える時に、現在登録してない博物館が非常に多い事をよく理解しておく必要があります。それはつまり「今の登録制度にメリットがないから」ということが大きい。でもその一方で、登録してない博物館も「自分達は博物館である」という非常に強い自己規定をされています。そのプライドをもって小さな博物館としてやっていらっしゃる。そこをきちんと掬い取ることが必要だと思います。皆さんおっしゃってるようにミニマム・スタンダードで、きちんと掬う事が大事だと思います。一方で、今日松田さん他皆さんご指摘のように、「博物館はこういう存在なのである、だからこういう審査基準になるんだ」、その審査基準を頑張って達成するためには条件付与が必要だから、交付金なり

何なりのメリットというものが出てくるという、ゴールとそこに至るロジックを明確にする必要がある。それは全部関連してる話なんです。切り離して認証制度だけでは実現し得ない制度だというのは、今日の皆さんの共通見解だと思います。非常にややこしい議論ですけれども。逆にメリットの部分が崩れると、その努力をしようというモチベーションも失われてしまい、結果、博物館が良いものになっていかないというような形になる恐れもあるので、そのトライアングルを、欠けることなくきちんと大きくしていかないと、日本の博物館全体が良くなっていかない。ここも皆さんと同じ意見です。

　あとは「一種」・「二種」と言われているのが、このあたりの基準でこの辺の博物館を二種にして認めていくのはまだしも、この基準を満たしているところを拠点にするんだよというイメージがまだきちんと拠点となるべき博物館の側にも自覚を含めて形成されてないだろうと思います。それはいろいろと調整が必要だろうと思うのと、時間もかかると感じます。法制度としては、もしかしたらベーシックなところをきちんとする、いわゆる二種のところをきちんとしていくということが大事であって、あとの拠点形成というのは、まずは試験的な政策として実施してから制度化なのかもしれないという気もしています。一種・二種という額面どおりにはいかないのかもしれないですけれども、博物館としてネットワークと拠点の形成をしていくことが大事だ、それから底上げをきちんとやっていくことも大事だ、この観点については一致できるところだと私は思っています。

芳賀　博物館とは何か、認証制度はどうあるべきかを考えないといけません。そのようなとき、東北大学の経済学がご専門の秋田次郎先生からの質問があります。「認証制度とは、認証主体が博物館に一種のお墨付きを与える制度であると思いますが、このお墨付きの目的はそもそも何でしょうか。レッセ・フェールで市場原理に任せ、鑑賞者がお墨付きに頼らず、自らの判断で博物館、美術館を選別することに任せるのでは、何に支障を来すとお考えでしょうか。経済学で言うところの、何らかの市場の失敗、情報の非対称性等を、暗黙に想定していると思いますが、その解決策としては認証制度が唯一最善の選択肢なのでしょうか」という質問です。市場の失敗を前提として、果たして認証制度がベストな解決なので

しょうか。まず小佐野先生いかがでしょうか。

小佐野　市場原理の問題、経済学のほうからは、実は我々の分科会にも経済学が専門の九州大学の連携会員の方が居られまして、経営とか運営とかを経済のほうからどうするか、というお話がありました。その中で1つ提案されたのは、要はこれからは美術館がある程度稼げるというか、寄付金・交付金をただ使うだけではなく、館としてある程度の収入が得られるような、そういうものに変えていく必要があるだろうということを主張されております。私もその点には同意しておりまして、認証の中のメリットに、そういう方向性を引き出すような仕組みが組み込まれれば一番良い、と思います。ただし先ほどからの議論で、社会教育法の観点から見て入館料はできるだけ原則として無償というお話が出ておりましたが、今のご時世でそれが維持できるのか。何か館のほうで展示やコレクションの見せ方、いろいろなものを考えて、その分としてある程度の入館料を得るとか、あるいは寄付ですね、そういう仕組みを作れないかというようなことは考えられるかと思います。

芳賀　根本的なことに係わるので、官の立場・視座もお持ちの栗原さんにも伺いますが、市場原理に関してはどうお考えになりますか。

栗原　究極的な問題ですが、この話をするたびに思い出すのが、以前文科省の社会教育課にいた頃のことです。財務省の担当官が、全く同じことを言うわけですよ。要するに「頑張ってない館をなんで国が支援しなきゃいけないんだ」と。「頑張ってるところを国が支援するなら分かるんだけれども、そもそも、良いお宝を持ってるからというだけで国が支援するのはおかしいんじゃないか」というようなことを言われて、最後まで平行線をたどりました。やはり何もしていない館を無条件で支援するというのはあり得ない。公益に資する活動、結果的に日本のためになるものでないと支援の対象にはならないはずです。底上げと言っても、ばらまきであったら不正が出るに決まっているんですね。だから、やはり日本の博物館を良くするような視点がなくてはいけない。レッセ・フェールと言いながらもやはり、頑張ってるところを支援できるような制度設計が必要だろうと強く思っております。

芳賀　市場原理でもなく、与える一方の単なるお墨付きでもなく、博物館とは何であるかを考えてそれに対して公的に責任をもつ、そういった国の文

化政策が認証制度であるべきです。さらに質問が日本動物園水族館協会の成島悦雄様からあります。「登録博物館のメリットを拡充するためにも動物園・水族館・植物園等の他省庁所管の制度も視野に入れるべきだとの指摘ですが、具体的にどのようなことが考えられるでしょう」。大阪市立自然史博物館の佐久間さん、お願いします。

佐久間　私も本当にそこは連携していかなければならない話だと思いますし、実際うちの博物館はもともと天王寺動物園さんであるとか、うちの博物館が実際に所在しているのも長居植物園の中なので、このあたりの教育連携をどういうふうに図るかというのは非常に大きな課題です。現実にはそこのところが、なかなか今の動物園・植物園が、事業としてもっとやりたいのだけど充分にできていないと言われる部分でもあります。ただし、現場ではZoo教研（日本動物園水族館教育研究会）とかで活動されてる方々を中心に、ものすごくいろいろと工夫されてます。それを本当にどのような形で正当に評価して、これらの館園を博物館同様教育機関として位置づけ、どう支援していくのか。そもそも動物園や水族館は本業のところも、環境省・農水省・厚生省、みんな複雑に入り組んで許認可を受けるなど苦労されて活動している状況です。そうした中で連携事業をしようとして、例えばそこの資料を博物館に運び込む、あるいは博物館から貸し出すといったことだけで言ってもワシントン条約の規定であるとか、いろいろなことの制約があるわけです。それは登録博物館と同士だから、許認可の部分は省略できるよねというような形の相互乗り入れの道をきちんと拓いていかないとホントに面白い事業展開は難しいと思います。

　先ほどの市場原理の話もコメントします。博物館は「今いない世代」のことも代弁しなければいけないという原則があります。「今のニーズが無いからと言って100年後の人のためのお宝を潰していいのか」というところの判断は、ある程度やはり専門家として慎重にやらなければいけない。市場原理には単純には任せられない部分です。アメリカの博物館連盟の良い面は、博物館の業界人としてのスタンダードとしてそのような政策実現や社会制度構築までしていくんだという気概が非常に強くて、政権に理解が足りないとしたらロビー活動までしてしまうというのがすごいところです。そこら辺はまあアメリカ、イギリスそれぞれの「良いとこ取り」でいきたいなと思っています。

芳賀　未来世代がステークホルダーであるとのご意見に賛成いたします。だからこそ現在の世代の利益、まして市場原理だけでは駄目ですね。

金山　「稼ぐ」という話についてなんですが。入館料を無料にすることは原則です。実際のところ、日本の博物館は7割ほどの公立館が常設展でも入館料を取っています。平均300円ぐらいです。博物館法の規定があることにより、その程度の金額で抑えられているのだと思われます。教育機関だから法外にとってはならない、ということです。ところがその規程を外してしまうと、某国立博物館のように常設展に1,000円の入館料を取るようなフライング的な行為が一般化することにもなりかねない。よって原則入館料を無料にするという規定は、社会教育の観点ばかりでなく、全ての人々に博物館を開放するという社会包摂の意味からいっても、大事なことだと思います。ただ特別展などについては、別途入館料を徴収するということができます。そのところをうまく運用すればよろしいと思います。

　　　それからもう1つ、先ほど半田さんが紹介した指定管理者制度についてですが、その実態を調べてみると、多くの指定管理者は経営努力をしてパフォーマンスを上げていることが分かります。しかし、利用料金制度を採用しているにもかかわらず、一定の水準以上に収入が増えると、設置者が指定管理料を減らしている。それでは制度の意義がありません。結局、指定管理者はいくらパフォーマンスをあげても、なかなか報われていないという状況になっています。これは栗原さんがご存じですけれども、国立博物館の場合も同じように、収入を上げると運営交付金が減らされている。この辺の状況は、決して法律をいじってどうこうする話ではありませんが、この問題をどうしていくのか、別の機会に議論することも必要だと思います。

芳賀　栗原さんに確認しますが、東京農業大学生物産業学部の宇仁義和様の質問の「文部科学省以外の省庁が設置するミュージアムを対象と考えているのでしょうか」は、いかがでしょうか。

栗原　もちろん制度設計としてはそういうふうにするべきですし、冒頭で紹介したように文化庁は「文化に関する関係行政機関の事務の調整に関すること」を行い、政府全体の取りまとめをすることになっているわけですから。当然他省庁にもそれを呼びかけるべきだと思います。ただ実際に

申請するかどうかは各省庁の判断ですけれども。制度上はあくまでイコールにするというのが正しいやり方だと思っています。

芳賀　ではこの最初の部分をまとめたいと思います。新・認証制度を考えるにあたっては、また特に今はコロナ禍で博物館や文化は不要不急かということが世間で問われていますが、和歌山県立近代美術館の青木加苗様がご指摘のように、「社会が博物館を必要としていることを前提にしている。けれども日本の社会と多くの自治体が抱えているのは、博物館自体が不要であり、言ってみれば金のかかるお荷物であるという無理解である」とのことを、今日シンポジウムの場にいる何百人、我々博物館関係者全体はさらに考えて発言、行動してゆくべきだと思います。

　　　さて、次に学芸員制度について一言ずつお願いします。

学芸員制度に関して

栗原　私はもう終始一貫していまして、大学院レベルの上級学芸員制度を設けること、そして現職の学芸員が学ぶことのできる高度学芸員養成の場としての専門職大学院大学を設けるべきであると考えています。佐々木さんが提唱されている「博物館士」という考え方は、現状の学芸員資格の要件を緩和させることになりかねないので、そうではなくて現状の学部における学習に加えてさらにその上に上級資格を設けるような設計ができないかというふうに考えています。他にもありますが、とりあえずそれだけ申し上げておきます。

芳賀　小佐野先生に伺いますが、『提言』における「学芸員を研究者と認定する制度」について、今日の報告で金山先生から反対意見がありました。「学芸員のエフォートは展示活動が主というのが現状である。組織の合意形成を経ないで学芸員は行動しないとシステムとして問題がある。大型館は恩恵を受けるけど、他の大多数の館は取り残される。任用形態は一般行政職であり、研究職の給料表を設定することは自治体に任されることで法律で強制できない」などという反論に、どのように反論なさいますか。

小佐野　確かに今、公立博物館のほとんどが一般行政職で任用されております。

したがって実は今日、先ほど私は抜かしてしまったのですが、学芸員を研究者として認知するような仕組みという話ですが、それは、私の発表資料に載せていますので（本書、p.24「⑷の提言」以下の文章）、皆さんはそちらをご覧いただきたいと思います。その中で、現行の博物館法第4条第4項は、やはり変えたほうが良いだろうと思います。確かにその館の所蔵しているコレクションの調査・研究というのが基本には書かれておりますが、それ以外のこともやはり書いておくほうが私は良いかと思います。先ほどオンラインの質問のチャットを幾つか見ても、学芸員のほうからそのようなことが良いという意見もございます。

井上 日々、学芸員養成課程に携わる者として、養成課程のあり方について違った角度から提言させていただきます。現在、令和2年の文化庁の調査によりますと、301大学で学芸員養成課程が日本全国で設けられています。この良い点としては、養成課程が均一化せず多様性があるということが言えます。その一方でこれだけの数があるとやはり質の担保といったことが非常に難しいという現実があると思います。それを解消するという意味でも1大学1課程、つまり1つの大学で課程の全科目を請け負うという今のやり方に、必ずしもこだわる必要はないのではないかと思います。先ほど栗田さんもご発表の中で共同開講という言葉を使われていたかと思いますが、共同開講の動きをもっと広めていっても良いのではないでしょうか。すでに先行事例として徳島県では2012年に、国立の徳島大学、鳴門教育大学と、私立の四国大学、そして徳島県が協定を結び、学芸員養成課程の科目を県立美術館等の学芸員が実際に授業を担当するというような、非常にオープンな仕組みを作っているんですね。こういったことが県単位でできるのであれば、その考え方を全国区でも考えていく必要があるのではないかと思います。

　もう1点、現在、確かに1万人近い学生が毎年学芸員資格を取っておりますが、ミュージアムで働くことや学芸員に対する学生たちの持つイメージは、必ずしも明るくありません。特に昨今の学生達の反応を見ていると。そこのイメージアップというのは早急に取りかかっていかないと、この分野の仕事をやりたいという人がいなくなっていく、優秀な人材が集まらなくなっていくことが近い将来起きかねないと考えています。

芳賀 國學院大學栃木短期大学の中村耕作先生からの質問です。「学芸員課程

における大学院レベル、上級レベルの必要性は認識しています。その上で、短大の学芸員課程担当教員として懸念があります。大学院レベルでの教育の必要性は分かりますが、その基盤として、基礎的な思想・技能を学ぶ現行制度が基礎課程として問題があるとの認識なのでしょうか」。もう1つ、「学芸員ないし研究者としてご活躍の皆様も、大学のカリキュラムだけで現在の技能を得られたわけではありません。大学の研究会、科研等のプロジェクト、現場でのボランティア、アルバイトなどの、カリキュラム以外のことの重要性は、できれば大学1年生の段階から涵養・推奨してゆくことだと思います。その点で、佐々木先生の私案にあった学部レベルの博物館教育縮小には危機感を覚えます。それから金山先生に取り上げていただきましたが、より下のレベルにも注目していただきたい。すなわち非常勤の解説員、飼育員として働く人達への配視です。身近なところでは短大卒業後、非常勤などで博物館等につとめているものの「学芸員補」として名乗っておらず、資格として曖昧だという問題があります」とのご意見に、井上先生どうお考えでしょうか。

井上 そうですね、短大レベルで学芸員補という資格を取られたという方々のニーズ、もちろんそうした方々もその道できちっとキャリア形成ができるような仕組みというのは整えていく必要があると思います。これは学部卒の学芸員資格所持者についてもそうですが、採用数があまりにも少ない。つまり資格を取ったけれども宝の持ち腐れになっているのが現状で、これは半世紀以上も同じ状況です。この出口問題を解決するには、やはり資格の価値を高めるということも必要ですし、資格と安定した雇用が結びつくシステムを考えていかなければならないと思います。

芳賀 栗田先生、学芸員について、今の質問も踏まえて、どうぞお話しください。

栗田 今の問題についてはやはり現状の学芸員資格が博物館のサポーターを作っているような側面があるわけですね。そういう意味で短大卒の人のために新たな資格を作るというのも良いかもしれませんが、やはり一方で結局そういう解説員とかだと非常勤職員にしかなれないということがあるので、その辺でそういう役回りを押しつけるような制度が本当に良いのかという問題はあるのではと思います。それからやはり博物館学の授業を行う場合に、私は多少現場の経験があるわけですけれども、やは

り現場の学芸員の方に講義をしていただくのが一番という、井上先生が言われたとおりなのですが、現状は講義に出かけると一般行政職の場合には無給になり、しかも多くの人が出かける余裕があるのなら学芸員はいらないのではないかと言って、定員を減らされかねないというような状況なので、そういうことをやはり設置者のほうで徳島県でのような連携を制度的に確立していくということが大事なのかなと思います。全体としては小規模館も大規模館も幸せになるように、多面的に考えるべきだと思います。どうしても二者択一的になってしまうのですけど、そうすると両方が悲しくなってしまうので、両方が幸せになれる形で努力をするということなのだろうと思います。

　あと質問が1点ありまして、私が情報メディア論を廃止するというようなことを言いましたが、ただそれは情報メディアを軽視しているわけではなくて、どの分野でも今はもう本当に必要になってきているので、それぞれの分野で適切に扱えば、何度も同じことを聞かなくてもいいのではないかという点です。各科目における情報メディアの現状と課題については講義で取り扱うこととし、別途実務的なスキルを身につけてもらう科目を設けるということです。他方、他の先生から、実は我々の時代と違って中学校・高校で昨今の新しい学生は情報メディアのスキルをもう身につけており、カブるのではという話もありましたけれども、現状としてはまだ画像ソフトとかをスラスラ操作できる学生はほとんどいないので、当面は有効ではないかなと思います。以上は補足です。

芳賀　栗田先生にもう1つ質問が、神奈川県立生命の星・地球博物館の瀬能宏様からあります。「学芸員に高度な専門性を求める方向性に大いに賛同します。ゆえに学芸員の備えるべき学術レベルを、学士・修士ではなく、むしろ研究者としての免許証とも言える博士もしくは博士レベルとすべきではないでしょうか」という質問です。

栗田　もちろん望ましいと思いますが、理系ですとある程度課程の標準修業年限内に博士を取られる方が多いのですが、人文系の場合にはなかなか修業年限でドクターを取る人はほとんどいないので、現実問題としてその過渡期としてとりあえず修士課程で、ということであって、決して修士課程程度で良いというわけではございません。

松田　少し爆弾発言を申し上げます。ディスカッションは予定調和では面白く

ないと思いますゆえ。その発言は何かと言いますと、学芸員資格は本当に必要なのかということです。あえて、学芸員資格は要らないのではないか、と問うてみることもまた大事だと思うのです。

　私は、現職に就く前に、イギリスのイーストアングリア大学でミュージアム・スタディーズの修士課程コースを担当しておりましたが、当時、様々な要因が重なって、イーストアングリア大学のミュージアム・スタディーズはイギリス国内でトップ3に入るほど高く評価されていました。ここでミュージアム・スタディーズを学ぶ大学院生は、大学の授業を受けながら、同時に博物館でのインターンシップを半年や1年ぐらい行い、最後に修了論文を書くことになっていました。長期のインターシップを行うという点が大切で、これによって実務経験と実践知を獲得するわけです。そしてコース修了後も、ほとんどの人は様々な館でインターンシップを行い、さらに経験を積む――この経験が、修士課程でミュージアム・スタディーズの理論を一通り学んだことに加わり、就職につながっていくわけです。学芸員になる方も、たいていはこのパターンで就職していました。もちろん、大規模館の学芸員であれば、さらに所蔵コレクションに関する高度な専門知が要求されるため、各専門分野の博士号を得ることも通例でしたが。

　ともあれ、重要な点は、イギリスには学芸員資格が存在しないということです。私は、日本の博物館の登録制度を刷新する上ではイギリスの制度が参考になると考えておりますが、日本の学芸員制度の刷新を考えるという意味では、イギリスにはそもそも学芸員資格がないため、参考にすることができません。日本の博物館関係者の多くは、イギリスの博物館のあり方が比較的優れていると考えているように思われますが、そのイギリスには学芸員資格が存在しないという点をどのように理解すれば良いのか、ということが私の中でずっと引っ掛かっています。

　一度、日本の学芸員制度をイギリスの同僚に説明する機会がありました。そうしたところ、「ふーん、でもそれって、学芸員資格用の授業をしている先生たちの利権になっている可能性はないの。自分達の職を守るために、そんな制度にしているということはないの」と言われて、ドキッとしました。背後にある法制度や社会通念が日英では大きく異なるため、この同僚の考え方を日本に適用させることにはさほど意味がない

と思いますが、少なくとも「学芸員資格は本当に必要なのか。なぜ必要なのか」という問いを常に頭の片隅に入れておきながら、日本の学芸員制度をどうしていくのかを考える必要があると私は思います。

　学芸員資格を取得した人が実際に博物館で就職する率は1％以下であるという現実、また、少なからずの博物館が博物館実習を行う学生を受け入れることを大きな負担だと考えている状況を見ても、何かを変えねばならないことは明白です。井上先生が指摘されたように、現行の制度は明らかにうまく回っていません。

　この制度をどうするかにつきましては、私もまだまだ考えないといけないことがたくさんありますが、栗原さんが最初におっしゃった2点、すなわち、大学院レベルで上級学芸員を養成すること、また現職で働く学芸員を大学院で受け入れてリカレント教育を行う仕組みをつくることの2点には、私も強く賛同します。

芳賀　すごいことをおっしゃる。これには反応しないといけないですね。金山先生お願いします。

金山　松田さんからお話がありましたように、松田さんがロンドンにいた頃に私も在外研究でロンドン大学のミュージアム・スタディーズのコースに在籍していました。確かにそうですよね。日本と違うことを実感しました。それはそれとして、日本で学芸員養成課程についてはこれまでにも議論されてきていますが、大学の立場から言うと、大学の置かれている状況、あるいは担当する教員のキャリアや立場によって、いろいろな見解に分かれてきたというのが現実です。なかなか一致点が見出せてこなかった。

　先ほど、どなたかが述べていましたが、博物館現場はいったいどのような人材を求めているのだろうかということを出発点に考えることも必要でしょう。私が今回発表したことは平均的な中小規模博物館の立場からの見解です。一方では研究型の大規模館もあるわけです。そこで働く学芸員には、行政職の学芸員、それから研究者の人達もいる。中には学校の教員が博物館に異動してきた教育職の学芸員などもいます。そうした様々な状況の中で、学部教育にしても大学院教育にしても、なかなか一致点が見出せないというのが現実ではないかと思います。

　現場で求められている技能や知識とは、たとえば博物館経営とか、地

域のネットワークやコミュニケーション形成をはかるためのノウハウ、情報技術、コレクション管理などではないでしょうか。それらに関するリカレント教育や研修は国や都道府県でもやられていることです。それをもっと拡充し、充実させていくことが、まずは大事ではないかと思います。認証制度を考えていくのであれば、その基準の1つに学芸員研修を入れ込んで人材の質を確保することが求められます。

　学部や大学院の養成について言うと、現状の学部養成は最低限の基準だと私は考えています。しかし、学生の負担感を考えると、さらに手を入れていくというのはあまり現実的ではありません。個人的には現状のままにしておいた方がいいと思います。大学院については確かに質の向上を図る対策が必要だとは思います。ただし、専門領域の研究者を養成していくのか、博物館学の研究者を養成していくのか、博物館の高度職業人を養成していくのか、大学院教育といってもいろいろと性格や内容があるわけですから、その辺のことをどうみていくのか。上級学芸員と言いますが、その中身についての議論は私が見る限りまだまだ不足していると思います。その辺の検討も今後は必要ではないかと思います。

芳賀　日本学術会議の『提言』に対して金山先生は反論なさって、その金山先生にさらに反論調の質問が2つあります。千葉市科学館の新和宏様は「学芸員の調査研究活動が全てのミュージアムの基盤になっていると認識しています。学芸員の研究活動なしでミュージアムの展示や教育普及事業は成立するのでしょうか」とおっしゃいます。北海道の浦幌町立博物館の持田誠様は「もはや各自治体に委ねているだけでは、現場の状況は改善できないのではないかと感じています」とご指摘なさいます。

金山　私は博物館が調査研究することを何も否定しているわけではありません。調査研究は大事なことです。しかし、それができるような環境が整っていないことが問題です。どのような博物館でも学芸員が調査研究することができるように、それは制度を見直す中できちんと考えていくことが必要だと思います。私が期待しているのは、認証制度の中で、その辺の担保措置がとれるようにする、それが整っていなければ認証を受けられませんとすれば、設置者はそれを手当する、そのような機会になればいいなと思います。

芳賀　ありがとうございます。では松田先生のご意見も踏まえて、学芸員制度

に関して、佐久間さん、よろしくお願いします。

佐久間　私、発表の中でも少し言及しましたけど、現場学芸員として要求されているもの、例えば自然史博物館であればうちは館長を含め15人学芸員がいますが、圧倒的に地学・生物学なんです。同種の博物館を見ても、博物館学の学芸員というのは、いても1人、2人というような状況がほとんどだと思います。小さな博物館であっても自分達のコレクションのために、あるいは自分達の活動のために必要な学芸員像というのはそれなりに明確だと思います。民俗学の資料が中心である、考古遺物が中心である、実にいろいろなタイプがあります。そこで必要とされる学芸員は、博物館学の修士を出た学芸員なのかと言うと、やはりそうではなくて、考古学であったり、植物学であったり、昆虫学であったりの学芸員が欲しい。私自身も大学院で生態学の研究室を出てきましたが、そのあとでやはり学芸員資格を取りました。これは、博物館一般に関する理解を自分の中できちんと形成しないと、博物館の研究者としてきちんとやっていけないと感じたからです。うちの博物館は伝統的にそういう形で、学芸員資格はきちんと取りましょうという方向で動いています。博物館学研究者としての能力も大事ですが、それぞれの分野の研究で身に付く研究能力も大切に評価したい。ですから上級学芸員や一種学芸員と言うよりも、学芸員でありかつ博士であるとか、学芸員でありかつ修士であるというような、要するに学術のためのタイトルと、博物館のためのタイトルというのは別であってもいいのではないかと思います。もちろん、博物館学の高度化のための研究拠点は欲しいです。

　もう1つ今の学芸員の制度というのは今日もご指摘がありましたけど、館長が学芸員資格を持ってなくてもいいという制度になってしまっている。何のために博物館経営論という単位があるんですか、という話です。深い理解の上でのマネジメントは重要です。なので博物館の事務スタッフにも学芸員資格を持っていることが望ましいという方針が欲しい、それから館長には必須にして欲しい、と考えています。その他博物館に関わる作業時に、解説員であってもデータベースのテクニシャンであっても、博物館への基本的な理解を持ってることが望ましいことは間違いありません。資料に対する理解があって経営をする、展示というものに理解があって観光プランを練る、いろいろなことのために学芸員というの

は望ましい資格であって欲しいと思います。学芸員資格というものの対象を「学芸員」という職だけに留めるのではなく、博物館に関わる基礎的な資格として広げていく、これは決して国家資格を軽んじることではなくて、その価値を充分に引き出していくことだと思います。だから理解形成のためではなくて、博物館の基礎的な資格としてきちんと養成していくこと。そして研究の専門性を担保していくこと。それと金山先生がおっしゃったことと完全に一致するのですが、学芸員自身のリカレント教育、できればサバティカルなものをきちんと認めていくことが、日本の博物館を充実させ、博物館学を豊かにすると思います。簡単に言いますとこんなところです。

芳賀　佐久間さんに国立科学博物館の小川義和様から質問です。「学芸員の研究内容について共有する必要があるのではないか。いわゆる専門的領域に関する研究のみならず、博物館学、資料の保存・管理、展示、教育、博物館運営、情報、地域学などに関する学際的・科学的研究も研究対象として考える必要があるのではないか」というご意見に賛成なさいますか。

佐久間　はい、基本的に賛成です。そのために例えば大学の研究成果を取りまとめるシステムとしてCiNiiというのがありますよね。J-Stageもあります。でも博物館が発行している紀要であるとか、研究報告であるとか、もっと言えば図録です、これを取りまとめるナショナル・システムは何もありません。この現状は変えなければいけない。こういったもので、電子的に流通されて他の博物館の成果を引用できる、参照できる、それからある意味再検証もできる、というシステムになっていった時に、博物館のやってきたことは学問になっていきます。だからこういうバックボーンを作って、博物館を学術の中に取り込むためのエコシステム、私はそうしたシステムが大事ではないかと思っています。

芳賀　「自然標本の保存管理、継承は大きな課題で、現在の法令上、標本資料は対象外であり、標本を守る法的手段の確立も大きな課題である」と千葉市科学館の新和宏様がご指摘なさいますが、こういうことも含めて大きく全体で共有していくシステムを作っていくべきだということでしょうか。

佐久間　そうですね、今対象外とおっしゃったのは文化財保護法の範囲であって、自然史資料も博物館資料として当然保存すべきものと、今の博物館法で

も目的のところに書かれているわけです。ただ博物館資料としてどう保存しなければいけないのか探る、保存科学研究の拠点というのが文化財保護法体系の中に入ってしまっていますから、そちらに自然科学標本のものが無いというのが、今欠けているところです。ですから自然史標本の保存科学に関しても研究拠点を作らなければいけない。文化財保存センターみたいな形をきちんと、自然史系の標本にも作らなければいけないし、行政への指導・支援も含めた緊急時にも機能する保全のためのナショナル・システムを作っていかなければならない、というのは、おっしゃるとおりではないかなと思います。

総　括

芳賀　最後に報告者の皆様、ひと言ずつご自由にお話しください。

小佐野　今ずっとお話を聞いていて、学芸員という問題と国家資格というお話が常に出てくるのですが、今の博物館法で学芸員と定義されるのは、登録博物館の専門職員のみですよね。ですからそこを、今の国家資格の任用資格の範囲をどうにか今回の認証制度への転換とか、いろいろなところで広げられないかという、こういうことに関してはどのようにお考えでしょうか。皆さんにお聞きしたい点です。と言うのは、例えば先ほど私、韓国の例を出しましたが、韓国は学芸士というのを試験で1級から3級正学芸士と、準学芸士までにするわけですね。そして博物館および美術館振興法の第1章総則の確か6条に、配置するということ、こういうことが謳われております。ですから何かそのような形に博物館法を改正できないかなあというのが、私が今考えているところなのですが、いかがお思いでしょうか。どなたか意見がございましたら。

井上　小佐野先生がおっしゃったところ、とても大事だと思います。特にその点が改正され、学芸員の門戸が広がれば、学芸員資格の持つ意味というのが変わってくると思います。単なる飾りではなく、学生も本気で学芸員という専門職を目指すことができるようになるわけです。現状は、2～3年生のうちは学芸員も将来の選択肢として検討している学生でも、4年生になると現実的な選択肢から外してしまう人が非常に多い

です。リスクを取りたくないようです。雇用促進に向けたポジティブな改革を速やかにやっていただかないと、本当に次世代が育たなくなってしまうという危機感を、今日皆様と共有できればと思っております。

栗田　今日のお話で、学芸員資格というのは本当にいろんな捉え方があるのだなと思いました。一方で佐久間さんが言われたように、博物館で働く人全員が持つべきである、ということも重要だなと思いますし、その一方で博物館ならではのことをきちんと学んで、お客さんに良い発信ができるということも大事でしょうし、そういう意味で今日のお話は非常に重要でした。途中にもありましたがヴィジョンとか、何のためにあるのかということをもう1回原点に戻って、本当に良い形、そして学生達が働きたいと思えるようなキャリアパスをどうやって作っていくかというのが、遅いけれども一番早いのかなと思いました。

松田　先ほど爆弾発言をしましたが、普段考えないことをあえて考えてみるために申した次第でありまして、現実には、日本では学芸員資格が必要だと私は考えている、ということをまずは申し上げておきます。

　　　あとは、本日の議論を聞いて強く感じたのは、日本のこれからの博物館制度を考える上で最も考慮せねばならないのは、地方にあるたくさんの小さな博物館だということです。佐久間さんと金山先生の発表がこの点を浮き彫りにしてくれたと思うのですが、疲弊している地方にあるたくさんの小さな館を助けてあげられるような認証制度、学芸員制度を考え出さねばならない、と痛感した次第です。

金山　松田さんがおっしゃるように地方の小さな博物館、実はそれが平均的な博物館なのですが、私も今日はそういう視点から話しました。それに関連して、ネットワークをどのようにして構築するのか。大規模館と中小博物館の連携・助け合いの関係性は個々の博物館ばかりでなく、全体の質を高めるためにも有効です。その際、繰り返しになりますが、博物館や学芸員同士は上下の関係ではなく対等な関係です。中核になるハブがあり、それがネットワークの束ね役を果たしていくことになるのだろうと思います。ただし、ハブになる博物館は「人・物・金」が相応に確保されていないと役割を果たすことができない。その辺の環境整備が必要でしょう。それから中小規模の博物館においては、ハブにどのようなことを期待するのか。災害時のレスキューについてもそうですし、資料の

　情報管理だとか、あるいは調査研究、コレクション管理、展示に関する
スキルの提供など、いろいろなサポートが求められると思います。ネッ
トワークを構築するにあたっても、具体的な検討が必要だと思います。

佐久間　無料入館ということに関して最後に一言コメントしておきます。何年か
前、アメリカ博物館連盟（AAM）から出ていた寄付制度に関する文章の
中で、「無料の博物館（フリー・ミュージアム）というのはあり得ないん
だ」と言明されていました。「基本的にはそれは入館者が払ってるか、寄
付者が払ってるか、税金というコストで賄われてるか、ということの違
いに過ぎない」というわけです。我々博物館の学芸員は、入館料を取っ
ていないからと言って、コスト無視でやっていいわけではもちろんない。
非営利施設なら非営利施設なりのマネージメントをきちんとやっていか
ないといけない。「収益を稼ぐこと」が目的ではなくて、「社会的なイン
パクト（教育による効果）をどれだけ積み上げられるか」ということが博
物館として問われているわけです。ですからそういう非営利施設なりの
経営論で博物館をマネージメントし、その中で評価を考えていくことが、
経営という問題を考える上でも大事な話ではないかと思います。それが
博物館が社会の負託に応えていくことの1つではないかなと思っていま
す。

芳賀　皆様、ありがとうございます。ではまとめていただく形で、「文化政策と
しての博物館法改正に向けて」のご報告をなさった栗原さん、よろしく
お願いいたします。

栗原　これから文化審議会博物館部会で議論を取りまとめて博物館法を改正す
るという動きになるのですが、これまで国のほうは、やはり社会教育に
対して冷たかったのだと思います。こう言うと諸先輩方に叱られますが、
冷たかったからこそ半世紀以上にわたって博物館法が形骸化したまま
残ってきたわけです。ですから、今回文化庁に移管されたことを契機に、
しっかりした形で文化政策として博物館法を、博物館行政を立て直して
欲しいと思います。

　ただ、かと言って我々博物館人が、国は何をやっているんだと責任を
なすりつけるだけではなく、我々としてもしっかりと活動しなければい
けない。例えば学芸員の研究職としての任命についても、昭和30 〜 40
年代ぐらいにいた諸先輩方がけっこう自治省などへ行って、陳情をして

いたわけです。こういういわゆるロビー活動的なものは今の学芸員さんはしていませんので、愚痴を言うばかりではなくて、学芸員達も自らロビー活動をしなければいけない。

　そういう意味で言うと、今回のこの博物館法改正に当たっても、行政の側からの対応を待ってるだけではなく、このシンポジウムのように博物館関係者がどんどん声を出していって、行政の理念による行政主導の博物館法改正ではなく、日本博物館協会を始め博物館関係学会やその関係者が声を出していって、文化庁が「いやあ、いろいろ関係者から言われて困ってます」というぐらいのロビー活動をしないと、我々が望んだ形の法改正になっていかないと思います。どうしても金が無い、人が無いという話になってしまうのですが、実は博物館制度を良くするのはお金の話だけではなく、規制緩和であったり、税制改正であったり、それから法律ではなく予算措置などの面でも、いろいろ変えられるところがあるはずです。そういう知恵を我々もどんどん出していって、動物園、水族館、植物園、プラネタリウムなどの方々の知恵も結集して、より良い博物館法制度を作り上げることが大事ではないかと思います。今日で終わりではなく、こういった議論をこれから何回もしていただきたいと思っています。ありがとうございました。

芳賀　皆様本当にありがとうございました。認証制度ではなく市場原理に任せれば良いという考え方、あるいは認証制度や学芸員制度とは全国レベルでの一元化でもあるわけですがそれは地方分権推進に逆行するという意見もあります。しかしやはり国が責任を持って文化に係わる国策を示すべきです。それこそが博物館法の改正です。

　日本全国津々浦々、5,700以上の博物館全体を下から上に支えて引き上げる、それが新しい認証制度の根本的な精神で、そのための法改正であるべきだと結論したいと思います。博物館全体を「選別」、「序列」して下から切り捨てるのではなく、全くその逆で、特に自分で最大限頑張ってるけれどもどうしても降下してしまう館を公正に下から上に掬い上げる、佐々木さんのお言葉に拠れば「底上げ・盛り立て」をすべきで、それこそを新・認証制度の導入の根幹とすべきだと思います。制度を実効性のあるものとするためにメリットの導入も必要です。新・認証制度では、動物園・水族館・植物園についても言及すべきです。そしてあくま

で社会教育施設としての博物館の位置づけは変わらない。

　学芸員制度は難しいところですが、確かに、一部の大型博物館の学芸員以外では、いろいろな勤務上の現状があります。学芸員は研究者であるべきだという、現状では一部の理想でしかないことを全体の実態とすべく、今後実態を踏まえ段階的に理想を追っていくべきだと思います。

　"Museums as Cultural Hubs: The Future of Tradition" がICOM京都大会2019のテーマでした。これには、今の我々と同じ時間を生きてる他の地域や国、異文化との間のハブ、つまり同世代間の共時的なハブとの意味があります。しかしそれと同等あるいはそれ以上に博物館は、過去と現在と未来の世代の間のハブであるべきです。世代間倫理を全うする通時的なハブが博物館です。過去からの文化財を含むこの世界全体は、現代の我々はそれを預っているだけで、それを本当に所有しているのは未来世代だからです。通常、倫理は「世代内倫理」で、同時代の人間間を律する行動規範で、共時的、双務的で、交換としての契約です。けれども文化財やそれを扱う博物館を律するのは「世代間倫理」で、通時的で故に一方向的で、見返りがなく片務的です。

　たしかに博物館は社会教育施設として民主主義の砦であるかもしれません。しかし民主主義の一番の問題として、まだ生まれてない未来の人は現在投票できません。それゆえに我々が世代間倫理に則り、未生の人達に代わってあくまで未来世代の視座から現在において意志決定をすべきです。それは博物館、および文化の保護と活用のバランスを考える時の原則でもあるべきです。決して現在世代の幸福の追求あるいは不幸の減免は至上至高の判断基準ではなく、まして市場原理などにレッセ・フェールすべきではありません。そもそも現在の多数決による民主的決定は、現在の正義や公正を未来世代に問答無用で拡張し負担を強います。

　カントは「他者を手段としてのみならず、同時に目的として扱え」（『道徳形而上学原論』）と言います。現在世代は、民主的合意による現在の幸福の享受と不幸の減免や眼前の正義の追求によって、我々のツケを未来世代にまわしたら、未来の他者を「手段」としてのみ扱うことになります。現在世代は未来世代を同時に「目的」としても扱わなければなりません。

　これが、「保存」と均衡を取りつつと附帯決議を示しながらも、「活用」

を強く押し出す改正文化財保護法への危惧でもあります。現在世代が観光マインド等に則り文化財を「活用」し観光「手段」として稼ぐこと自体は良いですが、しかし何よりも文化財を「保存」し以て未来世代の「他者」を「目的」として扱わなければなりません。「手段」として産業振興、観光等の営利行為を遂行して公民ともに稼ぐことにより社会を持続させ、未来世代への世代間倫理義務という「目的」を果たさなければなりません。

　博物館とは、世代間倫理を全うするために時間軸上に造られた四次元機関であり、本来は、所蔵品の特権的で最終的な所有者でもまして活用者でもなく、過去を未来に無事届ける「管理者（custodian）」、「仲保者」との謙虚で慎ましい存在である筈です。自分を活かしつつも同時に他者をこそ活かす「地の塩」であるのが博物館の勇気です。

　かくして世代間倫理は民主主義と一部利益相反します。世代間倫理を担う機関である博物館の定義に「民主主義」の概念が適切でない理由です。本来全ての現在の思考、決断、政策は未来世代を起点として決定されねばならず、それではじめて世界の持続可能性が達成されます。

　日本文明の世界的価値というのは、歴史の古さ、深淵の奥行き、孤高の高み、老成の深さ、世界への影響力、どれにもありません。歴史文化の柔らかな持続性にあります。世代間倫理に則り日本は未来へと持続する文化立国でなければいけないと思います。

　今日はきわめて大人数の参加を得て、博物館関係の皆様のおかげさまで具体的で同時に根本的なことも議論することができ大変に意義があったと思います。まことにありがとうございました。

（了）

付録 I

博物館法改正へ向けての更なる提言
〜 2017年提言を踏まえて〜

令和2（2020）年8月27日
日本学術会議史学委員会
博物館・美術館等の組織運営に関する分科会

（出典：http://www.scj.go.jp/ja/info/kohyo/pdf/kohyo-24-t294-3.pdf）

この提言は、日本学術会議史学委員会博物館・美術館等の組織運営に関する分科会の
審議結果を取りまとめ公表するものである。

日本学術会議史学委員会博物館・美術館等の組織運営に関する分科会

委 員 長	小佐野 重利	（第一部会員）	東京大学名誉教授、同大特任教授
副委員長	芳賀　満	（連携会員）	東北大学高度教養教育・学生支援機構教授
幹　事	秋山　聰	（連携会員）	東京大学大学院人文社会系研究科教授
幹　事	木俣 元一	（連携会員）	名古屋大学大学院人文学研究科教授
	泉　武夫	（連携会員）	東北大学名誉教授
	井上 洋一	（連携会員）	東京国立博物館副館長
	井手 誠之輔	（連携会員）	九州大学大学院人文科学研究院教授
	稲村 哲也	（連携会員）	放送大学特任教授
	小津 稚加子	（連携会員）	九州大学大学院経済学研究院准教授
	菊地 芳朗	（連携会員）	福島大学行政政策学類教授
	小池 寿子	（連携会員）	國學院大学文学部教授
	佐藤 宏之	（連携会員）	東京大学大学院人文社会系研究科教授
	松田　陽	（連携会員）	東京大学大学院人文社会系研究科准教授
	真鍋　真	（連携会員）	国立科学博物館標本資料センターセンター長
	三浦　篤	（連携会員）	東京大学大学院総合文化研究科教授
	中瀬　勲	（特任連携会員）	兵庫県立人と自然の博物館館長

提言及び参考資料の作成に当たり、以下の方々に御協力いただいた。

小泉 順也	一橋大学大学院言語社会研究科准教授
半田 昌之	公益財団法人日本博物館協会専務理事
栗原 祐司	京都国立博物館副館長
鷹野 光行	東北歴史博物館館長

（ただし肩書は分科会出席当時、又は公開シンポジウム当時のままである）

本提言の作成にあたり、以下の職員が事務を担当した。

事 務 局	高橋 雅之	参事官（審議第一担当）
	酒井 謙治	参事官（審議第一担当）付参事官補佐
	牧野 敬子	参事官（審議第一担当）付審議専門職

要　旨

1　作成の背景

　昭和27（1952）年施行の博物館法に規定される登録博物館制度や学芸員資格等の運用の実状及び同法に内在する構造的な不備等はかねてから認識されていたにもかかわらず、平成20（2008）年の博物館法改正においても登録博物館制度や学芸員資格の在り方等については抜本的な改正に向けた検討には至らず、課題が残された。そうした中で、本分科会は、平成29（2017）年7月に（提言）「21世紀の博物館・美術館のあるべき姿──博物館法の改正へ向けて」を発出し、次の2点について提言するとともに、そのフォローアップに努めてきた。

(1) 博物館法の改正による新たな登録制度への一本化
(2) 博物館の水準を向上させる新登録制度設計と研究機能の充実

2　現状及び問題点

　提言の発出以後に、諸法律の改正や省庁の組織改編が行なわれた。平成30（2018）年の文化財保護法の改正は、文化財の保存と活用の在り方を再整理した。また、平成30（2018）年から文部科学省と文化庁の組織改編が行なわれ、博物館及び芸術教育関連業務が文化庁に移管され、同庁内で文化財保護法と博物館法の整合を図り、両法の一元化の実現に向けて議論ができる素地が生まれた。海外では文化財保護法に博物館に関する規定を盛り込んだ法律を制定している国がある。将来的に文化財保護法と博物館法を一体化した新法律の制定が望ましい。他方、「地方独立行政法人施行令」の改訂（平成25（2013）年）により公立博物館の地方独立行政法人化が加速されることが予想される。こうした現状を考慮し、博物館の基本的な在り方を規定する博物館法の改正を進め、多様化が進む博物館の現状との乖離を解消することが望まれる。また、大学が設置する学芸員養成課程により支えられている現在の学芸員資格制度は、資格保有者だけを増加させている。さらに、公立博物館における人事・予算・運営の窮迫は顕著であり、改善の必要がある。

3　来るべき博物館法改正とその後の展望

(1)登録博物館制度から認証博物館制度への転換

　文化財保護法と博物館法制定当初の不整合を継承し独立行政法人国立科学博物館法、独立行政法人国立美術館法、独立行政法人国立文化財機構法で設置される国立館が博物館法による博物館の定義から除外されてきている現状は、実態に合わず、登録施設と非登録施設の格差も顕在化している。これまでの法律・政令等の改正は登録博物館制度の抜本的な見直しになっていない。また、小規模博物館の運営改善と学芸員の水

準向上のための支援を含むためには、イギリスの事例を参照しつつ、博物館の制度や運営の実態に精通した第三者的な協会等を実施主体とした、一級認証博物館と二級認証博物館から成る認証制度への転換が望まれる。

(2) 学芸員資格制度の改革及び研究者としての学芸員の社会的認知の向上

学芸員の専門能力の養成・向上という課題の解決に向けて、学部学生向けの学芸員養成課程を維持しつつ、大学院生向けの養成課程・講座の設置及びリカレント教育等、学芸員のスキルアップを図る制度の拡充が望ましい。そのために、学部卒により取得できる「二種学芸員」と、修士課程修了等を要件とする「一種学芸員」の二種類からなる新たな学芸員制度を提案する。

(3) 博物館の運営改善と機能強化

ICOM 京都大会（2019年）において大会決議として採択された「文化的ハブ」としての博物館の機能強化の促進や「アジア地域の ICOM コミュニティへの融合」の実現、さらには自然災害等からの文化財保護のための国際的ネットワーク構築、博物館が行政や地方社会と協働する仕組みの導入のために、文化庁が文化省（仮称）に拡充改編され、機能強化されることが望ましい。

4 提言等の内容

以下提言の (1) から (4) は、特に文化庁において国立博物館を所管している企画調整課を中心として、文化審議会博物館部会において検討されることを切に期待する。

(1) 登録博物館制度から認証博物館制度への転換

現状との乖離が著しい登録博物館制度から、日本の博物館全体の機能強化とレベルアップのための新しい認証博物館制度への転換を提言する。

(2) 認証博物館制度の認証基準策定、検証、評価等を担う第三者機関の設置

認証博物館を一級、二級に区分した新たな認証博物館制度を構築する。

(3) 学芸員制度の改正による学芸員の区分の設定

「一種学芸員」と「二種学芸員」に区分した新たな学芸員資格の導入。

(4) 学芸員による独創的な研究を可能とする新制度設計

学芸員による業務から離れた自由な研究活動の意義も認め、独創的な研究を可能にする研究環境の基盤整備を講ずるべきである。

⑸ **文化省（仮称）の創設による博物館の運営改善と機能強化の実現**

　博物館の運営改善と機能強化を支援する国家的な文化政策を立てるためには、文化庁が文化省（仮称）に拡充改編されることが望ましい。

1 作成の背景

　本提言において検討する博物館法は、昭和26(1951)年に制定され、翌年に施行された。

　社会一般で博物館と思われている施設は、多様な種別や設置主体（設置者）別からなる。3年毎に政府が実施する社会教育調査の統計表のうち「博物館調査（博物館）」と「博物館調査（博物館類似施設）」を参照すれば、登録博物館、博物館相当施設、および博物館類似施設の種別からなる、総合博物館、科学博物館、歴史博物館、美術博物館、野外博物館、動物園、植物園、動植物園、水族館などの多種多様な施設で、設置主体には、国、独立行政法人、都道府県、市（区）町村、組合、地方独立行政法人、一般社団法人・一般財団法人、公益社団法人・公益財団法人、その他がある。設置主体別で、さらに公立博物館、私立博物館という異なる区分方法もある。なお、以下の議論において、国立および独立行政法人立の博物館を便宜的に「国立館」と総称する場合がある。

　博物館法は、社会教育法の特別法であって、第1条でその目的を定めているように、博物館を社会教育機関に位置づける。同法の核をなすのが、①登録制度と②学芸員制度である。①では、博物館全体から、博物館法で定めた事業目的、設置主体及び設置要件に合致するものを、都道府県教育委員会または政令指定都市教育委員会が審査し、「登録博物館」または「博物館相当施設」として登録または指定する。「登録博物館」となり得るのは、設置主体が地方公共団体、一般社団法人、財団法人、宗教法人、日本赤十字社、日本放送協会である場合に限られる。設置主体が国、独立行政法人、国立大学法人の場合は、国（文部科学大臣）が「博物館相当施設」に指定する。よって博物館法による館の区分は、この「登録博物館」と同法雑則第29条の「博物館に相当する施設」（博物館相当施設）だけである。本法の条文には「博物館類似施設」の用語はないが、上記の社会教育調査では用いられる。そして、「登録博物館」には「私立博物館に対する支援措置」として税制上の優遇措置がある。②は、国家資格としての学芸員の根拠が同法にあることを示す。「登録博物館」の学芸員のみがその法的な根拠を有し、その法的位置づけは、社会教育機関の専門職員である。

　一方、国立博物館（現独立行政法人国立文化財機構の国立館）はその設置根拠が、博物館法制定の前年の昭和25（1950）年に制定された文化財保護法にあった。さらに、文化財保護法の設置根拠から外れた今もなお、博物館法の博物館でなく、他の独立行政法人立の国立科学博物館や国立美術館とともに、博物館法雑則第29条に指定される「博物館に相当する施設」（博物館相当施設）と称されるにすぎない。我が国の最も重要な基幹博物館

1　「この法律は、社会教育法の精神に基き、博物館の設置及び運営に関して必要な事項を定め、その健全な発達を図り、もつて国民の教育、学術及び文化の発展に寄与することを目的とする。」（博物館法第1条）

が国法の博物館法で定める博物館でないこと、またその専門職員が学芸員でないことは、法制上、ゆがんでいるとしかいえない。

博物館の設置・運営形態が多様化する中で、博物館法に規定される登録博物館制度や学芸員資格等の運用の実状及び同法に内在する構造的な不備等はかねてから認識され、例えば、文部科学省下に設置された「これからの博物館の在り方に関する検討協力者会議」の報告書『新しい時代の博物館制度の在り方について』（平成19（2007）年6月）[1] や同会議の第2次報告書（報告）『学芸員養成の充実方策について』（平成21（2009）年2月）[2]などで検討された。その検討のさなかに行なわれた、平成20（2008）年の博物館法改正は、博物館関係者の大きな期待と関心を集めながらも、登録博物館制度や学芸員資格の在り方等については抜本的な改正に向けた検討には至らず、今後の検討課題が残されたままである。

このため、本分科会は、第23期に登録博物館制度や学芸員資格の在り方の現状と課題を洗い出して検討した結果、平成29（2017）年7月に（提言）「21世紀の博物館・美術館のあるべき姿―博物館法の改正へ向けて」[3] を発出した（以下「2017年提言」と略記する）。以下この2017年提言について簡潔に振り返っておこう。

(1) 提言「21世紀の博物館・美術館のあるべき姿——博物館法の改正へ向けて」の発出（平成29（2017）年7月）

2017年提言の要旨は、以下の①、②である。

①博物館法の改正による新たな登録制度への一本化

独立行政法人国立科学博物館法、独立行政法人国立美術館法、独立行政法人国立文化財機構法で設置される国立館（以下「国立館」とする）が我が国の博物館法において「博物館」でないのは、制度のゆがみに他ならない[(2)]。現行の登録制度を抜本的に見直す法律改正を行ない、現行法の登録博物館と博物館相当施設を合わせて「博物館」とする新たな包括的な登録制度を導入すべきである。

この新たな登録制度においては、現行の「博物館相当施設」は、国立館を含め、設置主体にかかわらず、登録申請資格を認められるものとすべきである。

そして、すべての博物館を「博物館」として一体的に扱う新博物館法のもとで、文化財保護法など関係法律間の整合を図りつつ、国立館には、博物館全体の水準の維持向上に貢献すべく指導的な役割を果たせるような法的位置づけを与えるべきである。

---

2 （提言）「21世紀の博物館・美術館のあるべき姿―博物館法の改正へ向けて」（参考文献 [3]、3-4頁）を参照。

②博物館の水準を向上させる新登録制度設計と研究機能の充実

新登録制度は、「博物館として必要な条件を備えた博物館の設置を振興する制度」とすることを理念とすべきである（「これからの博物館の在り方に関する検討協力者会議」報告書［1］）。そして、多様な博物館の現状に鑑み、イギリスの認定制度も参考にし、国立館も含めた我が国のすべての博物館の自主的な運営改善を促し、博物館の水準の向上に資する制度設計すべきである。

また、博物館の水準の維持向上という文脈の中で、博物館法第4条を改正して学芸員の職務内容を見直し、業務の調査研究の一環として、「人類文化の未来に貢献する独創的な研究」（2017年提言）にも従事して博物館を通じて地域の活性化に貢献できることとし、一定水準以上の研究能力が認められる博物館には、研究機関指定の基準を柔軟化するとともに、特に博物館の研究費予算措置などの対象となるようにするべきである。

(2) 提言のフォローアップ

本分科会は、2017年提言の発出後には、そのフォローアップに努めてきた。具体的には、本分科会が公益財団法人日本博物館協会と共催して、シンポジウム「これからの博物館の在るべき姿〜博物館法をはじめとする関連法等の改正に向けて〜」（平成30 (2018) 年1月20日）を開催し、文部科学省博物館法所掌課職員、各美術館館長・学芸員、博物館に係わる一般企業や出版社、大学教員や学生、新聞社ほかメディアの記者ら約100名の参加を得た。当該分科会委員3名（会員1名、連携会員2名）による報告を通じて提言内容を広く周知するとともに、日本博物館協会側の登壇者3名の報告とを合わせて、総合討論を行ない、今後取るべき博物館法改正へ向けての課題について議論を深め、改正提言への意思表明を行なった(4)。次いで、日本博物館協会主催、東京文化財研究所、全日本博物館学会及び日本ミュージアム・マネージメント学会、日本展示学会の共催によるシンポジウム「これからの博物館制度の在るべき姿〜博物館法見直しの方向性をさぐる〜」（平成31 (2019) 年3月2日）では、当該分科会委員2名（会員

3　同法第4条第4項で、学芸員の職務は、「学芸員は、博物館資料の収集、保管、展示及び調査研究その他これと関連する事業についての専門的事項をつかさどる」と定められている。

4　栗原祐司［4］、小佐野重利［5］を参照。同プログラムについては、本提言末尾の〈参考資料2〉を参照。

5　岩城卓二・高木博志編［6］は、第三章「学芸員の現在と未来」第二節（84-86頁）で、2017年提言に言及するとともに、シンポジウム「これからの博物館制度の在るべき姿〜博物館法見直しの方向性をさぐる〜」（平成31(2019) 年3月2日）における報告1「提言「21世紀の博物館・美術館のあるべき姿─博物館法の改正へ向けて」から考える今

1名、連携会員1名）が報告し、自然系博物館や水族館・動物園をも含め、博物館をより広範な視点から捉え、現行の博物館法の見直しを進めるための議論を深めた[5]。

　今期は、日本学術会議外の協会機関や博物館関係者と連携して、発出した2017年提言のフォローアップをしつつ、期待が寄せられる、登録博物館制度に関する「具体的な改正案」を示し、また学芸員が「人類文化の未来に貢献する独創的な研究」をすることが可能となるための制度設計を検討してきた。

　平成30（2018）年度社会教育調査（2020年3月23日更新公開）の統計によると、登録博物館は914館、博物館相当施設は372館、博物館類似施設は4,452館である。脚注1に記したように、博物館法には、博物館相当施設に関して第29条で「博物館に相当する施設」とあるから、社会教育調査集計にしたがうと同法の「指定」を受けていると解釈してよい。一方、総数の8割近くを占める博物館類似施設については、同法に条項もなければ言及もないことには留意すべきである。また、上記の3種別の博物館施設の総数のピークは、平成20（2008）年度の社会教育調査集計による、登録博物館（907館）、相当施設（341館）、類似施設（4,527館）で総数は5,775館であった。その後は、微減傾向にあることを確認しておこう。

2　現状及び問題点

⑴　平成29（2017）年以降の諸法律改正及び省庁の改編

　2017年提言の発出以後に、諸法律の改正や、文部科学省と文化庁の組織改編などが行なわれている。具体的には、平成29（2017）年の文化芸術振興基本法の改正により文化芸術基本法に改称された同法の下で、博物館の社会的役割はより重要なものと位置づけられ、第26条「美術館・博物館・図書館等の充実」では「国は、美術館、博物館、図書館等の充実を図るため、これらの施設に関し、自らの設置等に係る施設の整備、展示等への支援、芸術家等の配置等への支援、文化芸術に関する作品等の記録及び保存への支援その他の必要な施策を講ずるものとする」と述べられている[6]。

後の博物館制度の検討課題」の内容、とくに提言では博物館登録制度とあわせて、学芸員養成課程や学芸員資格制度の見直しとその方法手順まで踏み込めていないという報告者の反省、さらに分科会においての今後のあるべき博物館制度へ向けての検討にも詳しく言及して、①学芸員養成課程を学部カリキュラムから大学院カリキュラムへ格上げすること、②学芸員資格制度を見直し、学芸員を研究者として認知することへの期待を述べている。

6　例えば文化庁ホームページ掲載「文化芸術基本法」中の新旧対照表http://www.bunka. go.jp/seisaku/bunka_gyosei/shokan_horei/kihon/geijutsu_shinko/pdf/kihonho_taishohyo. pdfを参照。

平成30（2018）年の文化財保護法の改正[7]はこうした流れを受け、文化財の保存と活用の在り方を再整理した。この再整理において、政府は文化財を観光資源ととらえ、積極的な文化財の活用を博物館・美術館に求めてきた。特に4館の国立博物館が所属する独立行政法人国立文化財機構に対しては、平成29（2017）年12月8日の文化審議会の「文化財の確実な継承に向けたこれからの時代にふさわしい保存と活用の在り方について（第一次答申）」に盛り込まれた「文化財の保存と活用は、互いに効果を及ぼしあい、文化財の継承につながるべきもので、単純な二項対立ではない」という基本的な理念のもと、「文化財の公開・活用にかかるセンター的機能の整備」を行なうよう、同答申（19頁）において以下のような指針を示した。

　文化財の保存と活用を両立させるために、文化財所有者・管理団体、美術館・博物館などの関係機関等からの相談を一元的に受ける国の窓口・センターが不可欠である。特に、学芸員や保存科学等の専門家が全国的に十分に配置されていない状況においては、文化財の活用に当たり必要不可欠である文化財の取扱いや保存修理等の知識、技能、文化財の保存科学等について、専門職員が、一元的に相談できる機能があることが期待される。また、まとまって観ることのない国宝・重要文化財について、鑑賞機会の少ない地域や海外での展覧促進、地域の企画に対する助言や共同実施、文化財のアーカイブ化等を通じて、国内外の人々が我が国の文化財に接する機会を拡大するような役割・機能を果たすことが期待される。このため、海外の例も参考に、調査研究及び展示等の企画、保存・修理、財務、作品履歴等に関する専門的な見地から機動的に相談に対応できる機能の整備について検討する必要がある。

　これを受け、平成30（2018）年7月、日本の文化財公開・活用のナショナルセンター

7　2019年4月1日に施行された「文化財保護法及び地方教育行政の組織及び運営に関する法律の一部を改正する法律案」は、地域における文化財の計画的な保存・活用の促進を要点とするものであり、都道府県による「文化財保存活用大綱」の策定や、市町村が作成する「文化財保存活用地域計画」の文化庁長官による認定等が制度化され、これとともに従来教育委員会の所管とされてきた地方公共団体における文化財保護事務を、地方公共団体の長（首長）が担当できることなった。http://www.bunka.go.jp/seisaku/bunkazai/1402097.html を参照。
　また、2017年8月に日本学術会議第一部史学委員会「文化財の保護と活用に関する分科会」から発出された提言「持続的な文化財保護のために —特に埋蔵文化財における喫緊の課題—」では、文化財保護法改正に関連する内容として、埋蔵文化財保護のための行政・住民双方の人材育成や、全国の文化財関係機関に大量に保管されている測量データ・写真・実測図等の適切な保存と確実な継承のあり方や公開等が盛り込まれている。http://www.scj.go.jp/ja/info/kohyo/pdf/kohyo-23-t248-4.pdf を参照。

として、独立行政法人国立文化財機構本部に文化財活用センターが発足した。文化財活用センターは、文化財の保存と活用の両立に留意しつつ、民間企業等と連携して文化財の新たな活用方法を開発するとともに、国内外の博物館・美術館等に関する支援を強化することにより、多くの人々が日本の貴重な文化財に触れる機会を提供することに努めている。具体的には、国立文化財機構が所有する文化財の複製の貸し出し、文化財複製を用いた教育プログラムの提供、国立文化財機構の各施設で公開してきた文化財にかかわる情報のデジタル資源やデータベースの統合的運用、複製とデジタルコンテンツを用いた文化財の新たな鑑賞体験の提案及びこれらコンテンツの貸し出し、国立文化財機構の各施設が収蔵する文化財、図書資料等の貸与促進事業にかかる窓口の提供、博物館における文化財の保存環境に関する相談窓口の提供などを行なっている。

　一方、博物館の基本的な在り方を規定する博物館法については、平成20（2008）年の改正において課題として残された登録博物館制度や学芸員資格の在り方等が、依然として課題のままに残されている。

　しかし、文化芸術基本法を踏まえた文部科学省設置法の改正により、平成30（2018）年10月から文部科学省と文化庁の組織改編が行なわれた。その結果、文部科学省内業務のうち博物館（すなわち博物館法の所掌をふくむ）及び芸術教育が文化庁（具体的には新設の企画調整課）に移管された。こうして、文化庁内で文化財保護法と博物館法の整合を図り、文化芸術基本法のもとで両法の一元化の実現に向けて改正ができる素地が生まれた。

(2) 地方公共団体における博物館運営の地方独立行政法人化の動き

　平成25（2013）年の「地方独立行政法人施行令」の改定により、「博物館、美術館、植物園、動物園または水族館」が「公共的な施設で政令で定めるものの設置及び管理を行うこと」（地方独立行政法人法第21条第5号）の中に含まれた。2017年提言ではこのことにより、従来は登録博物館であったものが、地方独立行政法人に移行すれば、登録への意欲が減退すると指摘した。これらの館の多くは、日本の博物館全体において収蔵資料の数量、設備及び館員の規模から重要な博物館・美術館であり、これらの館が博物館法によって位置づけられる登録博物館から外れる事態は同法に内在する構造的な不備を拡大する恐れがある。

　実際に大きな政令指定都市で、地方独立行政法人化の動きが始まった。平成31（2019）年4月1日に「地方独立行政法人大阪市博物館機構」（以下、「法人」という）が設立され、同法人の下で、大阪市立美術館、大阪市立自然史博物館、大阪市立東洋陶磁美術館、大阪市立科学館及び大阪歴史博物館の5館が令和3（2021）年度に開館予定の大阪中之島美術館を加えて、一体的に運営されることになった。この事例のように、

地方公共団体における博物館運営をめぐっては、これまで以上に地方独立行政法人化が加速されることが予想される。

(3) 登録制度と学芸員資格制度の改正、及び博物館の運営改善の必要性

先の2017年提言に盛り込んだ①博物館法の改正による新たな登録制度への一本化及び②博物館の水準を向上させる新登録制度設計と研究機能の充実は、本件を所掌する文化庁をはじめ、依然改正・改善へ向けて動き出していない。

本分科会はこの動向を見据えて、改正博物館法に盛り込むべき事項を再検討して提言するため、現状と課題を整理しておこう。

第1に、登録制度については、独立行政法人の国立館が博物館法による博物館の定義から除外されているために、独立行政法人国立文化財機構が設置する国立博物館及び独立行政法人国立美術館が設置する国立美術館、そして独立行政法人国立科学博物館などが、博物館法では「博物館相当施設」にとどまるという法制度上のゆがみがあることを再確認できる。このため、従来の登録制度の抜本的見直しは急務である。次章で詳しく論じるが、欧米諸外国の例を検討した結果、登録制度の改正でなく、まったく新しい認証制度の導入が望ましいと結論する。

第2に、学芸員資格制度は、おもに文化庁（以前は、文部科学省）への届出によって大学が設置する学芸員養成課程で支えられている。文部科学省の「博物館法施行規則の一部を改正する省令」（平成21（2009）年）によって、平成24（2012）年度から学芸員資格要件に関わる科目の種類や単位数が増加された（以前の7科目12単位から9科目19単位）。2017年提言では、担当教員の確保等が困難なため、学芸員資格関連の授業を開講する大学数が減少しているとしたが、実際には微増している。[8]大学に進学する18歳人口の減少等を勘案するに、この微増は、安易にポジティヴに評価できるもので

8　平成30年に学部で学芸員養成課程を設置している大学は304校（平成25年は300校）（2018年12月25日開催の分科会での一橋大学小泉順也准教授の報告より）。また、小泉順也［7］、432頁。

9　大学（特に私立大学）が学生募集を目的に在学生の就職のためのキャリア養成の一環として、学芸員養成課程を新たに設置した可能性が考えられる。

10　2011年6月の「民間資金等の活用による公共施設等の整備等の促進に関する法律」（PFI法）の改正により、「公共施設等運営権」という権利が新たに創設され、コンセッション方式（公共施設等運営権制度を活用したPFI事業）を実施するための法制度が整備された。同法での公共施設等は、「公共施設等の管理者等が所有権を有する公共施設等（利用料金を徴収するものに限る。）」とされ、第2条に列挙された公共施設等のなかに教育文化施設が含まれるため、博物館においても、従来の指定管理者制度のほかに、民間事業者にコンセッション方式で運営権のみを設定することができるようになった。https://www8.cao.go.jp/pfi/concession/concession_index.html

はない。というのは、2017年提言でも言及した「これからの博物館の在り方に関する検討協力者会議」第2次報告書『学芸員養成の充実方策について』（平成21（2009）年2月）[2] によると、「学芸員資格取得者数と実際の博物館における採用者数に大きな懸隔」があり「毎年1万人程度の学芸員資格が付与されるものの、学部卒で博物館に就職している者は1%に満たない」状況にあっては、実際には資格保有者数だけを増加させ、そこで身につけた素養を博物館に職を得ることで実務経験を通じて実質化できる機会が得られない者を増加させることが危惧されるからだ。

　第3に、博物館の運営改善の必要性はかねてから議論の俎上に載せられてきた。我が国では、戦後の高度経済成長期に公私立博物館・美術館及び博物館相当の文化施設が雨後の筍のように次々に誕生した。公立館について言えば、戦後の「箱モノ」行政の一環と言ってよく、将来に立ちはだかる人事、予算、運営の問題を十分に見据えた建設事業であったとは言い難い。実際に、公立館の多くが人事（学芸員の削減または教員等で充当）、予算（事業費とくに特別展経費等の圧縮）、運営（首長または教育委員会所轄から指定管理者制度の導入）の面で窮迫するに至った。その結果、予算や人員の削減にはじまり、挙句は休館や廃館にしたりするなど、まるで博物館を厄介者扱いにする事例もあり、設置主体の責任が問われるべき事態が起こっている。また公立美術館を例にとるならば館長の雇用形態は、非常勤・嘱託・兼任の割合が過半数を占め、その出自は行政職56.1%、小中高・大学教員26.1%、博物館管理職・研究員17.8%と、現場出身者の採用が非常に少ない現状も無視できない。博物館の経営改善を図り高度化を進めるためには、学芸員としての勤務実績のある常勤職の館長の採用を増加させることも検討に値する課題だろう。

　こうした状況を前にして、2017年提言で引用したとおり、文部科学省告示「博物館の設置及び運営上の望ましい基準」（平成23（2011）年12月20日文部科学省告示第165号）

11　平成28年度博物館園数統計（『博物館研究』第53巻第4号、2018年、13頁）によると、登録博物館、相当施設及びその他類似施設を含む博物館園（博物館及び水族館、動物園、植物園など）で閉館が30館、博物館法の登録要件のうち公開しない等、施設として適正を欠く除外館は11館あった。閉館の理由は詳らかでないが、施設建替え計画等で一時閉館した館のほか、施設の老朽化や維持費捻出が困難で閉館にした館もあるであろう。（参照：【2015/1/25】特別講座「美術館は静かにどこへ向かうのか」第1回「美術館の閉館は誰の問題なのか?」ゲスト講師:楠見清、美学校：東京都千代田区神田神保町2-20第二富士ビル3F、https://bigakko.jp/opn_lctr/museum/01及び同講演資料（閉館した美術館・美術展示施設リスト pdf. https://bigakko.jp/wp_test_universe/wpcontent/uploads/0d7fb2c2506f256e6db69af4d3074cf1.pdf）

12　『これからの公立美術館のあり方についての調査・研究報告書』2009年、財団法人地域創造、14頁。http://www.jafra.or.jp/j/library/investigation/museum19-20/data/jafra_museum200903.pdf

は、第4条で、「博物館は、基本的運営方針に基づいた運営がなされることを確保し、その事業の水準の向上を図るため、各年度の事業計画の達成状況その他の運営の状況について、自ら点検及び評価を行うよう努めるものとする」とし、また、同条4項に、「その点検及び評価の結果並びに運営改善の措置を、インターネットその他の高度情報通信ネットワーク（以下「インターネット等」という。）を活用すること等により、積極的に公表するよう努めるものとする」として、これまでの運営と事業の水準を担保し向上させるように博物館に自助努力を促している。

　ところが、博物館相当施設の独立行政法人国立文化財機構、独立行政法人国立美術館、及び独立行政法人国立科学博物館の国立館などを別にすると、公立の登録博物館で同告示第4条に即して、財務諸表等の公開に始まり、各年度の事業計画やその他の運営について、自己点検及び評価を余すところなく公表している館は極めて少ない。以上の状況から、本分科会は、前期23期と今期24期に、公開されている財務諸表に基づき国立館に限って運営の現状を調査し検討した。その検討結果に基づくと、日本の国立館の運営費交付金交付額は漸進的に減少傾向にあることが判明した。財務諸表を点検した結果、独立行政法人化以降、厳しくなる財政状況のもとで国立館は収益源を開拓してきたことが確認できたが、新たに開拓した収益源からの総額は決して十分ではなく、これ以上の収益源の多様化は限界にある。

3　博物館法改正とその後の展望

　現在、文化庁では博物館法の改正も視野に入れた登録博物館制度の在り方に関する検討を始めている。令和元（2019）年11月には文化審議会に博物館部会が新たに設置され、同部会は博物館振興に関する調査審議を行なっている。本分科会としては、博物館法の改正に盛り込むべき項目を検討した。そして、令和元（2019）年9月のICOM（国際博物館会議）京都大会において高まりを見せた「文化的ハブ」としての博物館の機能強化の機運のなかで、人類の持続可能な文化へ寄与すべき日本の使命が明確になったのを受け、改正後をも展望する。

⑴　登録博物館制度から認証博物館制度への転換

　登録博物館制度は、昭和26(1951)年の博物館法制定以来、博物館登録に必要な統一的要件を示すことにより、日本における博物館制度の普及を促進しその水準を保証

13　www.mext.go.jp/a_menu/01_l/08052911/1282457.htm を参照。

14　参照：小津稚加子2019「財務から考える美術館・博物館の現状と課題」、『博物館研究』、9-12頁［8］；小津稚加子2019「博物館の経営①：国立の博物館」、稲村哲也・佐々木亨編『博物館経営論』（放送大学教育振興会）、73-90頁［9］。

15　2019年6月の地方分権化一括法案閣議決定（6月7日交付）で、博物館法第19条［所管］

してきた点で、国際的に見ても高く評価されるべき歴史的な役割を果たしてきた。しかし、発足から70年近くが経過し、その制度が日本における博物館の実情に合わない課題を抱えていることも確かである。ここではこうした課題解決のための方策について検討する。

その第1点が、博物館の設置主体の制限に関するものである。博物館法第1章総則第2条で博物館法上の「博物館」が定義されているが、そこで言及される「設置主体」からは独立行政法人が除外されている。さらに、同法第2章「登録」では、博物館の登録要件の審査と原簿への登録は都道府県または政令指定都市の教育委員会の所掌とされ、文化庁が所管し独立行政法人が設置主体となる国立館を登録対象とすることは前提となっていない。このことは、博物館法制定の前年の昭和25（1950）年に文化財保護法が制定され、国立博物館は文化財保護委員会（現文化庁）の附属施設と位置づけられたことを淵源とする。このため国及び独立行政法人の博物館・美術館は博物館法の対象とできない。この法制度上の不整合から、国立博物館及び国立美術館（現独立行政法人立）は「登録博物館」ではなく「博物館相当施設」または「博物館類似施設」の扱いを受けるという現状が生じている。国立館が文化財保護法による規定から外れた現在もこの状況に変化はなく、博物館法が実態に合っていない。

登録施設と非登録施設との格差の問題も顕在化している。例えば、1館当たりの専任学芸員の配置状況は、登録施設では2.8人、相当施設では1.8人、類似施設では0.24人である。

さらに近年、登録制度に関わる問題は益々大きくなっている。私立博物館は、社会教育施設であるため、当該博物館が所在する都道府県または政令指定都市の教育委員会に登録申請をして、認められた場合には、その専門的、技術的な指導または助言をうける。一方、博物館法第29条での「博物館に相当する施設」である国立館は、現状では、設置主体の問題から依然として登録することはできない。また、「博物館類似施設」は、当該施設の所在する都道府県または政令指定都市の教育委員会に登録申請して認められなかったか、申請していないかのどちらかの施設である。そして「博物館類似施設」は博物館法には一切言及がなく同法の埒外にある。

以上がこれまでの経緯と現状である。法と現実の乖離が著しいこのような状況に対してこれまで、登録博物館制度は見直しが必要である、との提言がされてきた。例えば、既に平成19（2007）年には、登録博物館制度の改正点は、設置主体の制限の撤廃、

　　　も修正）され、公立博物館は当該博物館を設置する地方公共団体の教育委員会の所管のほかに、地方公共団体の長の所管に属することになった。https://www.cao.go.jp/bunken-suishin/kakugiketteitou/kakugiketteitou-index.htmlを参照。

16　平成23年度社会教育調査より。http://www.mext.go.jp/b_menu/toukei/chousa02/shakai/kekka/k_detail/1334547.htmを参照。

及び博物館・相当施設・類似施設とする区分の撤廃にあり、「全ての設置形態の博物館に登録申請を行う資格を与えるべき[(17)]」とされてきた。

　もしも博物館法における設置主体の制限を撤廃し、登録申請先（博物館法第10条）に国または担当省庁である文化庁を加え、国立館に関する章を追加するなどの措置を行なえば、現状では「博物館に相当する施設」でしかない国立館も、「博物館」として登録することができる。また、前述の「全ての設置形態の博物館に登録申請を行う資格を与えるべき」という「これからの博物館制度の在り方に関する検討協力者会議」報告書の課題については、設置主体の制限の撤廃をさらに徹底して登録申請の資格を広げ、現行の登録要件を実態に合わせて変更することなどで解決を促すことができる。しかし、このような博物館法の登録制度の一部改正にとどまった場合、こうして登録申請の機会が広がった多様な設置形態の博物館に対してその運営状況の改善を促すには不十分である。

　なぜなら、現行の登録博物館制度の課題の第2点として、現在の登録博物館制度が抱える、以下のような問題点の解決には至らないからである。その問題点とは、(1)現行の登録要件が博物館資料、学芸員その他の職員、建物及び土地の有無、1年を通じて150日以上開館することといった外形的基準に留まり、分野ごとの専門性や実務経験に基づいて博物館としての実質的な活動の質や量などに踏み込んだものではないこと、(2)登録審査が各都道府県または政令指定都市の教育委員会で個別に行われているため、専門性やノウハウの維持・確保が困難であること、(3)登録後の質保証や指導・コンサルティングなどのフォローアップの機会が設けられていないなどの点が挙げられる[(18)]。さらに登録制度の一部改正に学芸員の水準および社会的認知の向上のための支援の仕組みを盛り込むことは困難である。

　したがって、5700余館を誇る日本の博物館・美術館全体の機能強化と水準の維持向上のためには、登録申請資格の拡大とともに、従来の博物館法に根拠を置く登録制度の枠組は保持しつつも、現状に見合った実質的改善が図られるよう、博物館・美術館行政全体を見渡し、博物館の運営活動評価とレベルアップのための支援の仕組み、ま

17　「これからの博物館制度の在り方に関する検討協力者会議」報告書『新しい時代の博物館制度の在り方について』平成19年、10頁［1］。

18　同上、7頁。

19　「日本の博物館Japanese Museum」の名称（ラベル）付与は、フランス政府のAppellation « Musée de France »（2002年1月4日の法律制定）に倣う。https://www.culture.gouv.fr/Aides-demarches/Protections-labels-etappellations/Appellation-Musee-de-France
　　日本の全博物館の設置形態を勘案すると、フランスでは文化財を所有する博物館となっているところを、文化財等の博物館資料もしくは資料に関する二次資料や情報を所有し、その保存・公開・普及を行うあらゆる設置形態の博物館とすることを提案する。この名称（ロゴ）付与の仕組みの導入は、本提言では希望にとどめ、特別に扱っ

た学芸員の専門的能力の向上方策とその支援を組み込み、これまでの外形的な「登録」から「認証」による質の保証および向上に重点を移した新しい認証制度へ転換することが必要である。このためには、第一に博物館法の第2条で、すべての設置形態の博物館に、たとえば、「日本の博物館The Japanese Museum」の名称付与への申請を促し、そのうえで、現行の登録博物館制度を認証博物館制度に改称、転換することを提言する[19]。[20]

　審査の主体を、現行の教育委員会から全国的な統一性と専門性を担保した第三者機関に移行し、そこが認証及び登録原簿の管理も行うとともに、定期的なフォローアップも行う。認証博物館を一級、二級に区分し、その認証基準を策定し、同時に学芸員にも一種、二種を設け、二種から一種へのキャリアアップには、実務経験の評価や、リカレント研修あるいはインターンシップの履修証明等によって評価・認定するとともに、そのキャリアアップを支援するきめ細かな仕組を組み入れる必要がある。

　この抜本的な制度改革には、登録博物館となっている館の現状の運営や学芸員の職務に不利益が生じないように、移行措置も講ずる。つまり、現行の登録博物館は、認証申請をしなければ、移行措置として、二級認証博物館に自動的になる、とする。申請すれば、一級認証博物館となることもできること、とする。

　国立科学博物館、国立文化財機構が設置する4国立博物館、及び国立美術館機構が設置する5国立美術館等あるいはそれに準ずる館などといった一部のモデルとなる博物館については、「高い基準」を示し他館を指導牽引することを期待する。同時に、新しい認証制度で「最低基準」を設定し、それにより全国津々浦々の博物館と学芸員の全体の底上げと水準の向上を図る。

　その新しい認証基準の設定、審査プロセスの徹底、認証の有効期限・更新制度の導入、認証されるメリットの付加などの制度設計のためには、欧米の博物館認証制度が参考となる[21]。その制度については、本提言の〈参考資料3〉に採録しているので、適宜参照されたい。同資料では、イギリスとアメリカ合衆国の博物館認定（認証）制度について詳しく説明する。なかでも、大英博物館等だけでなく、経営規模が小さくボ

　　ていないが、文化財と博物館の観光振興政策にも寄与することが期待できる。

20　イギリスにおいても、1988年発足の博物館登録制度（The Museum Registration scheme）から、スキームを維持しつつ目的をよりよく反映させるため、博物館認定（認証）制度（The Museum Accreditation scheme）への改称を2004年に実施していることが参考となる。https://www.artscouncil.org.uk/accreditation-scheme/aboutaccreditation#section-2

21　参照：日本博物館協会編『博物館の評価機関等に関するモデル調査研究報告書』平成20年;博物館基準研究会編『博物館基準に関する基礎研究 イギリスにおける博物館登録制度』1999年;日本学術会議 史学委員会 博物館・美術館等の組織運営に関する分科会（提言）「21世紀の博物館・美術館のあるべき姿―博物館法の改正へ向けて」（平成29（2017）年7月20日）、11-12頁［3］

ランティアを中心に運営されている小規模博物館をも視野に入れ、①運営、②コレクション、③来館者の3点における「最低基準（baseline quality standard）」を認定の基本とし、イングランド芸術会議によって任命されたボランティアの専門家達から構成される審査委員会が認定作業を行うとともに、認定した博物館の質保証の維持のため、5年毎に定期的な再認定を行う、イギリスの制度が仕組みとしてもっともよく出来ていると判断できる。

　以上から、日本が最も参考とすべきはイギリスの博物館認定（認証）制度である。なお認証は5年毎に更新される。アメリカの博物館認定（認証）基準制度では助言的な博物館診断も行なわれる。各種団体から寄付金を受ける際の税制の恩恵と連邦博物館図書館サービス機構からの補助等を受けることができる。このような恩恵の付与も重要な観点である。

　登録博物館制度から認証博物館制度への転換を図るためには、以下のような措置が必要となる。まず、その前提として、第三者機関による認証を受けるすべての博物館が満たさなければならない共通の認証基準を設ける。これとともに、今後博物館運営における恒常的な質の向上を図れるような制度設計とするため、国立館や都道府県及び政令指定都市レベル等の指導的立場にある基幹博物館が満たすべき、モデルとなるような高度な特別な認証基準を設けることが求められる。前者の認証基準を満たす博物館を「二級認証博物館」、後者の認証基準を満たす博物館を「一級認証博物館」とする。これらの認証基準をどのようなものにするかについては今後早急にしかるべき会議体で検討し、策定していく必要がある。「二級認証博物館」が満たすべき共通基準の策定に当たっては、例えば公益財団法人日本博物館協会が平成29（2017）年に提案した改定基準案が参考となるだろう[22]。

　また日本における認証博物館制度の実施主体としては、日本の博物館の歴史と制度と運営に精通する者を構成員とする第三者機関を新たに設置して行うべきである[23]。国家が直接に係わる方式でない方が現実的である[24]。

(2) 学芸員資格制度の高度化及び研究者としての学芸員の社会的認知の向上

　こうした認証制度の構築による博物館の運営や活動の質的な向上を図る上でこれと

22　「博物館登録制度の在り方に関する調査研究」報告書（2017年3月、公益財団法人日本博物館協会）、28-30頁。

23　「諸外国の博物館政策に関する調査研究報告書」（平成26（2014）年、日本博物館協会）www.mext.go.jp/.../afieldfile/2014/10/10/1350085_01.pdfによれば、海外で博物館（関連）法に登録あるいは認証制度のある国のうち、認定者が半官協会であるのはイギリス、協会複数であるのはフランス、国であるのは韓国、地方政府であるのは中国である。

24　なお、アーカイブにおいては、平成30年に「アーキビスト職務規準書」を設定した

連動するきわめて重要な課題が、博物館を現場で支える学芸員の専門的能力をいかにして養成し高めていくかという点である。まず、留意すべきは、学芸員資格は国家資格のうちの「任用資格」であるため、脚注1で言及したように、国家資格としての学芸員の根拠は博物館法にあって、登録博物館の学芸員のみがその法的な根拠を有し、その法的位置づけは、社会教育機関の専門職員である。したがって、大学等で学芸員養成科目を履修していても、あるいは学芸員の試験認定に合格していても、博物館相当施設または博物館類似施設に勤務する限りは正規の学芸員になれないという国家資格上の「不平等」があることである。学芸員資格制度の見直しに際しては、こうした正規に国家資格の学芸員になれない専門職員の向上意欲を高めるためにも、たとえば、博物館法に、「日本の博物館」の名称付与に申請した現行の登録博物館、博物館相当施設および類似施設に勤務する専門職員で、学芸員養成科目を履修しているか、または学芸員の試験認定に合格しているすべての専門職員を学芸員と認定する条項を加えることを期待する。

　2017年提言で言及しているとおり、「これからの博物館の在り方に関する検討協力者会議」報告書『新しい時代の博物館制度の在り方について』（平成19（2007）年6月）[1]などで、学芸員養成課程における高度化と実務経験の充実を図るために、大学院における専門教育の必要性が指摘されていたにもかかわらず、「博物館法施行規則の一部を改正する省令」（平成21（2009）年）でも実現に至っていない。

　現在、大学院において学芸員養成課程を開講しているのは、一橋大学大学院言語文化研究科のみである。(25)一橋大学（大学院）では、平成15（2003）年度に最初の資格取得者を出してから、平成29（2017）年度までの15年間に100人弱の大学院生が学芸員資格を取得、その就職状況（平成30（2018）年9月時点）は、博物館・文書館に10人、文学館・科学館・財団・大学に7人と、取得者の17%が専門職に就いている。

　もちろんこれは一例にすぎず、学部で資格を取得し大学院で専門教育を受けた事例との比較分析が求められることは確かだが、大学院のみにおける学芸員養成課程の設置は、学部におけるそれより就職率が高く、かつ高度な専門性が担保され、博物館における実務水準の向上にもつながる可能性が高いことを予想させる数字であり検討に値する。その一方で、学部における学芸員養成課程は、実際に学芸員として就職する

　　　国立公文書館が、それを権威のある基礎資料として、アーキビスト認証制度の具体的な認証準備を始めている。国立公文書館アーキビスト認証準備委員会ウェブサイト（http://www.archives.go.jp/about/report/ninsyou.html）を参照。

25　平成30年度第2回（24期第4回）博物館・美術館等の組織運営に関する分科会での報告「一橋大学における大学院生を対象にした学芸員資格取得プログラムの実施経験と今後の展望—」（一橋大学大学院言語社会研究科准教授 小泉順也）、及びその刊行、小泉順也[7]を参照。

者はごく限られてはいるものの、平成31 (2019) 年4月現在で304大学に設置されており、大学で取得可能で履歴書に記入できる数少ない資格を取得でき、設置大学の学生募集や在学生にとってキャリア支援の一環としての一定の機能を果たしている面もある。また大学院課程を設置できる大学は限られることから、大学院においてのみで全国で約5700館に及ぶ全博物館に必要な学芸員を供給することは不可能である。さらに博物館・美術館等で非常勤職員として雇用される際も、博物館学や学芸活動の基礎的知識が必要とされることも多い。ゆえに、学部生向けの養成課程は維持しつつ、大学院生向けの養成課程や講座を設置するのが望ましい。

　また、すでに博物館等で働く学芸員の研修やリカレント教育を大学や国立の博物館等で実施しているが、学芸員のスキルアップを図る制度のさらなる拡充が必要である[26]。その理由として、以下の点が挙げられる。第一に、現行の学芸員資格は9科目19単位で取得できるが、平成23 (2011) 年度までは8科目11単位、平成8 (1996) 年度までは現行の約2分の1に相当する5科目10単位で資格を取得できた。その後学芸員として最低限必要な知識量は増え、当該分野の研究の蓄積による内容の深化も進行中である。第二に、生涯学習推進の拠点として博物館に期待される新たな役割を充実させるため、インターネットを通じて多様な情報を発信できるスキルが学芸員にはますます求められるようになってきている。第三に、文化財活用による観光立国や地方創生といった新たな国家的戦略の担い手として博物館の機能強化が求められている中で、文化財の未来への継承を責務とする学芸員には新しい知識と能力が必要とされる事態が生じている。これらの社会的要請に的確に応えるためには、学芸員はその知識とスキルをアップデートする必要がある。しかし多忙な学芸員が本来の職務を遂行しながら学びなおしの機会を得るには、現状ではプログラムの絶対数が不十分である。

　このような現状を踏まえ課題を解決するための有効な方策の一つとして、以下を提案する。現行では一種類しかない学芸員資格を、新規に取得する者については、専門的職員として勤務するための基本となるミニマム・スタンダードを身につけるために学部卒などで取得できる「二種学芸員」と、さらに高度な専門的知識及び技能を獲得できるよう、特に課程認定を受けたカリキュラムを提供する修士課程の修了を要件とする「一種学芸員」の二種類に分ける。後者については明確に研究者としても位置づけ、研究機関指定を受けた博物館では研究者番号を与えることができるようにする。「二種学芸員」は、資格取得後、実務経験・リカレント研修・インターンシップ等、または大学院修士修了によって「一種学芸員」として認定されることとする。なお現行

26　例えば北海道大大学院文学研究院は、平成30年度文化庁の大学における文化芸術推進事業として「北海道大学学芸員リカレント教育プログラム」（令和2年度まで継続）を立ち上げている。『學藝リカプロ Report 1』（国立大学法人北海道大学発行、2019年3月20日）など参照。

の学芸員資格を保有する学芸員は、不利益とならないように、勤続年数や学芸員経験年数等を基準に、「一種学芸員」または「二種学芸員」とする。その具体的な年数等の判断基準については、今後しかるべき会議体で検討されるのが望ましい。学芸員養成課程の質の向上のためには、単に個々の科目を担当するだけでなく、課程全体の教育の計画と実施、さらに質の向上に責任を持つことのできる博物館学の専任教員を配置することを義務づけることが求められる。また、「一種学芸員」を養成する大学院課程のカリキュラムでは、日本の博物館の現状と課題に対応する高度な専門性を培うことが必須となることは言うまでもない。

　すなわち、これまでの日本の学芸員の多くが実質的にレジストラー（コレクション・マネージャー）の仕事が主務となり、キュレーション、保存、教育の仕事が人により軽重はあれ副務として付随する形で業務をこなしてきた事実があることから、収蔵品や作品の貸借に関わる登録・管理業務（レジストレーション）、その他学術的及び学芸業務の情報管理についての教育を強化し全修了生が知識や技能を共有する必要がある。このほか、保存や教育の専門性を高めるカリキュラムも大学院課程には必須となる。博物館活動の高度化を実現するためには、博物館法第4条に定めるすべての職務を各々の学芸員が担当するのではなく、専門分化によりチームで担当することがどうしても必要となる。したがってこのカリキュラムによる教育や現場での実務経験に応じて、「一種学芸員」については、より専門性を重視した「調査」「保存」「教育」といった下位区分を設けることも考えられる。このような大学院レベルのカリキュラムに基づく人材育成を現実に機能させるためにも出口が必要であり、平成23（2011）年の「博物館の設置及び運営上の望ましい基準」第13条3項に基づき、日本の博物館のモデルとなる「一級認証博物館」には「一種学芸員」を最低限1名配置することも認証基準とすることを提案したい。

　また認証制度の基準の策定に当たっては、平成23（2011）年の「博物館の設置及び運営上の望ましい基準」との整合を考慮しなければならないとしても、「博物館活動の基礎は研究であり、学芸員の研究者としての地位の向上やその意欲の向上を図る観点から、学芸員がより一層研究しやすい環境を整備する」（「これからの博物館の在り方に関する検討協力者会議」第2次報告書『学芸員養成の充実方策について』平成21（2009）年2月）という視点は外せない。とりわけ「一級認証博物館」として求められる条件として、より高度で充実した博物館としての活動を展開するために、その基盤をなす専門性の高い自由な研究活動を挙げることは不可欠であろう。もちろん、資料の収集・保管・展示、教育・普及といった活動や、当該の博物館で所有される資料を中心とする調査研究活動に重点が置かれることは当然ではあるが、自由な研究活動の意義も今後は認めていく必要がある。

　ただし、日本の博物館の現状を考量するならば、そもそも各館の業務の総体に対し

て学芸員の数が十分でなく大多数の学芸員が疲弊していることも確かであり、その対象が何であれ研究活動を可能にするためには、十分な数の専門的な能力をそなえた学芸員を適切に配置して環境を整備することが何よりも優先して求められることは明らかである。そして、この研究成果を一般に還元することこそ、重要な市民への公共サービスに繋がるものと考える。

　本分科会は研究者としての学芸員の社会的認知の向上を図るために、「学芸員の科学研究費補助金申請・採択の現状把握のためのアンケート調査」を実施した[27]。調査期間は平成31（2019）年度3月2日から4月15日であり、Web 上での公開と郵送法を併用した。対象者は日本国内の博物館・美術館等に勤務する学芸員・研究員である。総回答数は86である。質問項目数は、15項目である。質問項目のうち核となるのは「学芸員から見た研究助成金の受給についての全般的な評価」に関する質問10項目であり、学芸員自らが自分の考えと事実を7点満点（当てはまらない=1;どちらでもない（中立）=4、最もよく当てはまる=7）で評価し、問いに対して回答するという形式になっている。質問項目の例としては、次のものがある。研究助成金の受給によって、自分自身を研究者としてトレーニングすることができた、研究助成金の受給によって、研究成果を口頭報告することができた、研究助成金の受給によって、展覧会に研究成果を反映することができた、等である。

　このような質問項目10項目に対して回答者から得られた点数を相関分析した結果、以下の項目間に強い相関性が存在することが確認できた。つまり、研究助成金の獲得によって、(a)安定して研究を継続できたことと、研究論文を公表できたこと、(b)専門的知識を習得できたことと、研究者としてレベルアップできたこと、さらには、(c)展覧会に研究成果を反映できたことと、展覧会の来館者へ還元できたことには、強い相関関係があると学芸員は捉えたのである。このことは、ひとたび研究助成金を獲得しさえすれば学芸員は専門的知識の習得に留まらず、展覧会へ研究成果を反映させ、来館者へ新しい知見の還元に成功できる（できた）と、彼ら自身が認識していることを示唆しているのである。美術館・博物館というフィールドに焦点を当てた調査にもとづくと、研究助成金の投入効果が美術館・博物館入館者（幅広い世代、来訪者）に広がっている可能性があり、極めて重要である。

　しかしながら、調査で得られた学芸員の実感とは裏腹に、「研究者としての学芸員」の社会的な位置づけは不安定であると指摘せざるを得ない。例えば、研究者に対して

27　同アンケート調査の実施に当たり、公益財団法人日本博物館協会にはアンケート用紙を郵送した104館（研究機関指定を受けている博物館・美術館、各県・地方自治体の主な美術館、自然科学系博物館及び動物園・水族館を含む）に関する情報提供、同協会ホームページ及び『博物館研究』誌上での広報、またアンケート用紙データのダウンロード及び記入後のアップロードのために、東京大学情報基盤センターの協力を仰

与えられている研究者番号は研究機関指定を受けた機関に限定され、ほとんどの学芸員には競争的資金（科学研究費補助金）に応募する機会さえ与えられていない。現行の制度設計では、専門的知識の更新が制約され、結果、社会への還元も限定されてしまう。我が国の文化資本の有意義な活用を妨げる要因となっていると危惧する。一定水準以上の研究能力及び研究実績が認められる博物館には、研究機関指定の基準、特に博物館の研究費予算措置などの基準の柔軟化を進めることによって、研究活動を支えるための外部競争的資金の獲得や安定的な研究基盤の確立を図ることも必要となる。

(3) 博物館の運営改善と機能強化

　博物館等における文化財・学術標本の保存と活用と共に、現在社会が直面する課題は地球環境問題、情報、AIや原子力などの科学技術のコントロール、自然災害・人為的災害、戦争やテロ、人権問題など数多くある。それらと向き合い、人類が進むべき道を探るため、マテリアルの提供と議論・実践の場として、博物館の存在意義はますます大きくなっている。これからの博物館は、地域の拠点として、あるいは国際的ネットワークのハブ機関としての位置づけを明確にし、それに応じた制度設計と法整備を実現すべきである。今後は、先進的な取り組みをモデルとし、我が国の博物館全般にわたる総合力の強化を、明確な方向性をもって推進していくことが強く求められる。「博物館力」の向上にとって重要な課題は、インフラの整備、経済的なバックグラウンドの確立である。[29]

　令和元（2019）年9月に120の国と地域から過去最多となる4,590名が参加したICOM（国際博物館会議）京都大会で、大会決議として日本から提案した「Commitmentto the Concept of 'Museum as Cultural Hubs'（『Museums as Cultural Hubs』の理念の徹底）」が採択された。日本が提案し、採択されたもう一つの大会決議は「The Integration of Asia into the ICOM Community（アジア地域のICOMコミュニティへの融合）」である。融合に向けての第一歩は、アジア地域の博物館のコレクション及び世界各地のアジア美術コレクションのデータ情報を共通管理・運営できるような情報システム基盤の構築であろう。

　また、平成23（2011）年の東北地方太平洋沖地震と津波災害、及び原発事故災害を経験した日本は、被災した文化財などの迅速な救出と修復および保存管理の経験を活かして、自然災害や人為的な災害から文化財を保護するために、国立文化財機構をひとつの核として「文化財防災ネットワーク推進事業」を展開しているが、今後はさらに

いだ。

28　研究機関の指定を受けているのは、約5700館のうち48館を数えるに過ぎない。

29　参照：稲村哲也2019「新たな時代の博物館」、稲村哲也編『博物館概論』（放送大学教育振興会）、269-308頁［10］；本田光子2019「文化財保護と博物館資料保存の役割」、稲村哲也・本田光子編『博物館資料保存論』（放送大学教育振興会）、265-282頁［11］。

その機能的強化を図り、日本全体として国際的なネットワーク構築のために活動すべきである。

こうした国際的な使命を果たすとともに、とくに予算面で行き詰まっている多くの博物館に対して、運営改善策を講じるためにも、近い将来に文化庁が文化省（仮称）に拡充改編され、政策及び予算の面で機能強化を図ることが望ましい。中央集権国家フランスでは、文化芸術は文化（・コミュニケーション）省（Ministère de la culture ［et de lacommunication］）が、イタリアでは文化財・文化活動・観光省（Ministero per i beni ele attività culturali e per il turismo）が所掌する。また、両国を含めた主要国などは、国家予算に占める文化予算（フランスは0.88%、ドイツは0.49%、韓国1.05%）も我が国（一般会計予算の0.11%）よりはるかに大きく、国家的な政策を中心に文化行政が展開している。我が国は、文化行政の地方分権化が十分な検討がなされずに推し進められて来たために、国全体として文化芸術政策を俯瞰するのが困難な状況になってきている。社会教育施設である博物館の運営は、とくに特別展の実施に当たって新聞社・メディア・企業の共催あるいは協賛による支援が大きかった。しかし、今後の運営には、博物館と政府／地方行政と（地域）社会が協働して国民のための社会教育の振興に向けた計画の策定が行なわれ、博物館や文化財の価値評価が適正に下せる新しい仕組みの導入が望ましい。

4 提言

海外の博物館と博物館行政の動向を参照した結果、文化財保護法を柱として博物館に関する規定をそれに盛り込み、一元化した法律を制定している国が多い。将来的には、文化庁主導による、文化芸術基本法のもとで文化財保護法と博物館法を一元化した新法の制定が望ましい。将来その新法を策定するうえでも、博物館の運営改善及び機能強化のために、博物館法内での整合をとり、我が国において顕在化してきた諸問題の解決に有効な博物館法の改正が必要である。

以下提言の(1)から(4)は、特に文化庁において国立博物館を所管している企画調整課を中心として、文化審議会博物館部会において検討されることを切に期待する。

---

30 文化庁委託事業「諸外国における文化政策等の比較調査研究事業」（受託者：株式会社シィー・ディー・アイ）の報告書（2018年3月公開）を参照。https://www.bunka.go.jp/tokei_hakusho_shuppan/tokeichosa/pdf/r1393024_04.pdfを参照。また、イタリア文化財・文化活動・観光省の2019年度予算は30億ユーロ（約3600億円）で、同年の日本の文化庁予算（1042億円）の3倍以上である。

31 文化行政が都道府県をはじめ地方公共団体に委譲・分権化されることは、文化行政の地方格差を生み、一部地方地域では博物館の廃館や休館、地域の文化財の保護管理力の低下を誘発する恐れがある。国家主導の文化行政の緻密な体制づくりが必須であろう。

⑴登録博物館制度から認証博物館制度への転換

　現状との乖離が著しい登録博物館制度から日本の博物館全体の機能強化とレベルアップのための新しい認証博物館制度への転換を提言する。認証博物館を一級、二級に区分し、その認証基準を策定する（図1）。

	登録博物館制度 (現行)		認証博物館制度 (新規)	
移行措置	登録博物館	⇒一括自動移行⇒	二級認証博物館 (申請すれば一級認証博物館となるも可)	二級認証博物館から一級認証博物館への種別変更も可能 (要申請及び認証)
	学芸員	⇒種 別 移 行⇒	一種学芸員 二種学芸員	一種学芸員と二種学芸員の種別基準 ：勤続年数 ：学芸員経験年数
新規認証・新規認定	博物館相当施設 博物館類似施設 独立行政法人の国立館など	⇒個別認証申請⇒	一級認証博物館 二級認証博物館	二級認証博物館から一級認証博物館への種別変更も可能 (要申請及び認証)
	学芸員養成課程履修者 学芸員認定試験合格者	⇒個別認定申請⇒	一種学芸員 二種学芸員	一種学芸員と二種学芸員の種別基準 ：学芸員経験年数 ：大学院修士課程修了 ：リカレント研修 ：インターンシップ等修了

図1　登録博物館制度 (現行) から認証博物館制度 (新規) への転換及び新規申請に伴う学芸員の区分

⑵認証博物館制度の認証基準策定、検証、評価等を担う第三者機関の設置

　新しい認証基準の設定、審査プロセスの徹底、認証の有効期限・更新制度の導入、認証されるメリットの付加などの制度設計が必要である。イギリスに倣い小規模博物館を視野に入れ最低基準（baseline quality standard）を認証の基本とする。またアメリカにおけるような経済的恩恵の付与も重要である。認証博物館制度の実施主体としては、博物館の制度や運営の実態に精通した第三者機関が相応しい。

⑶学芸員制度の改正による学芸員の区分の設定

　学芸員資格を、専門的職員としての基本を身につけるために学部卒で取得できる「二種学芸員」と、さらに高度な専門的知識及び技能を獲得できるよう修士課程修了を要件とする「一種学芸員」の二種類に分ける。新たに「二種学芸員」になった者は、実務経験・リカレント研修・インターンシップ等、または大学院修士修了によって「一種学芸員」として認定される。

　なお現行の学芸員資格を保有する学芸員は、勤続年数や学芸員経験年数等を基準に「一種学芸員」または「二種学芸員」となる（図1）。

⑷学芸員による独創的な研究を可能とする新制度設計

　人類文化の未来に貢献するため、学芸員による業務から離れた自由な研究活動の意義も認め、独創的な研究を可能にする予算措置・研究費獲得の仕組みや、十分な人員

を適切に配置するなど研究環境の基盤整備を講ずるべきである。

⑸文化省（仮称）の創設による博物館の運営改善と機能強化の実現

　ICOM（国際博物館会議）京都大会において、『文化的ハブ』としてのミュージアム」
の機能強化の機運が国内外で高まり、また、日本は被災した文化財などの迅速な救出
と修復および保存管理の経験を活かして、自然災害等から文化財を保護するための国
際的なネットワーク構築に寄与すべきであることが明確になった。その使命を十全に
果たすことができるインフラストラクチャーを構築するためには、近い将来に文化庁
が文化省（仮称）に拡充改編され、博物館の運営改善と機能強化を支援する国家的な文
化政策を立てることが必要である。

〈参考文献〉

［1］「これからの博物館の在り方に関する検討協力者会議」報告書『新しい時代の博物
　　　館制度の在り方について』（平成19年6月）

［2］「これからの博物館の在り方に関する検討協力者会議」第2次報告書『学芸員養成の
　　　充実方策について』（平成21年2月）

［3］日本学術会議 史学委員会 博物館・美術館等の組織運営に関する分科会（提言）「21
　　　世紀の博物館・美術館のあるべき姿―博物館法の改正へ向けて」（平成29（2017）
　　　年7月20日）

［4］栗原祐司2018「シンポジウム「これからの博物館の在るべき姿～博物館法をはじめ
　　　とする関連法等の改正に向けて～」を開催、今秋、博物館行政は文化庁に一元化」、
　　　『新美術新聞』（2018年2月1日の2面）

［5］小佐野重利2018「［巻頭エッセイ］グローバル時代だからこそ、現行の博物館制度
　　　と学芸員について考えてみる」、『博物館研究』第53号第4巻（2018年4月）、4-5頁

［6］岩城卓二・高木博志編2020『博物館と文化財の危機』（人文書院）

［7］小泉順也2018「一橋大学大学院における学芸員養成―言語社会研究科の取り組みの
　　　課題と可能性―」、『言語社会』第13号（一橋大学大学院言語社会研究科2018年度
　　　紀要）、439（20）-423（36）頁

［8］小津稚加子2019「財務から考える美術館・博物館の現状と課題」、『博物館研究』第
　　　54号第1巻（2019年1月）、9-12頁

［9］小津稚加子2019「博物館の経営①：国立の博物館」、稲村哲也・佐々木亨編『博物館
　　　経営論』（放送大学教育振興会）、73-90頁

［10］稲村哲也2019「新たな時代の博物館」、稲村哲也編『博物館概論』（放送大学教育振
　　　興会）、269-308頁

［11］本田光子2019「文化財保護と博物館資料保存の役割」、稲村哲也・本田光子編『博
　　　物館資料保存論』（放送大学教育振興会）、265-282頁

〈参考資料1〉審議経過

平成29（2017）年

7月1日　第23期美術館・博物館等の組織運営に関する分科会（第8回）
　　　　・第24期本分科会の活動方針等について

12月2日　第24期美術館・博物館等の組織運営に関する分科会（第1回）
　　　　・日本博物館協会との共催シンポジウム「博物館をはじめとする関連法等の改正に向けて」について
　　　　・役員の選出、特任連携委員の承認

平成30（2018）年

3月30日　第24期美術館・博物館等の組織運営に関する分科会（第2回）
　　　　・提言に関する今後のアクションについて
　　　　・美術館・博物館へのアンケートについて
　　　　・美術館・博物館の財務諸表研究の継続について

7月27日　第24期美術館・博物館等の組織運営に関する分科会（第3回）
　　　　・報告「国立文化財機構の経営分析」
　　　　・科学研究費等の申請・採択に関するアンケート調査について

12月25日　第24期美術館・博物館等の組織運営に関する分科会（第4回）
　　　　・報告「一橋大学大学院における学芸員資格取得プログラム」
　　　　・報告「文化財活用センターについて」
　　　　・科学研究費等の申請・採択に関するアンケート調査について（最終）

令和元（2019）年

8月1日　第24期美術館・博物館等の組織運営に関する分科会（第5回）
　　　　・報告「科学研究費の申請・採択に関するアンケート調査について」
　　　　・新しい提言の内容について
　　　　・同提言作成のためのワーキンググループの設置について

12月27日　第24期美術館・博物館等の組織運営に関する分科会（第6回）
　　　　・ICOM京都大会の報告
　　　　・提言作成WGからの提言案「来るべき博物館法の改正とその後の展望に向けて」（仮称）の集中検討

令和2（2020）年

3月27日　第24期美術館・博物館等の組織運営に関する分科会（第7回）
　　　　・査読中の提言の発出とフォローアップについて
　　　　・次年度の分科会活動について

7月9日　　日本学術会議幹事会（第294回）
　　　　　・提言「博物館法改正へ向けての更なる提言〜 2017年提言を踏まえて〜」
　　　　　　について承認

〈参考資料2〉共催シンポジウム開催

「これからの博物館の在るべき姿〜博物館法をはじめとする関連法等の改正に向けて〜」
主催：日本学術会議史学委員会博物館・美術館等の組織運営に関する分科会、公益財団
法人日本博物館協会
日時：平成30（2018）年1月20日（土）13時00分〜17時00分
会場：独立行政法人国立文化財機構 東京文化財研究所地下セミナー室
［プログラム］
開会あいさつ
　銭谷 眞美（日本博物館協会会長、東京国立博物館館長）
趣旨説明
　井上 洋一（日本学術会議連携会員、東京国立博物館副館長）
報告1
　小佐野 重利（日本学術会議会員、東京大学大学院教育学研究科特任教授）
　「提言の発出に至るまでの経緯と今後の課題」
報告2
　芳賀　満（日本学術会議連携会員、東北大学高度教養教育・学生支援機構教授）
　「提言「21世紀の博物館・美術館のあるべき姿──博物館法の改正へ向けて」の内容と
　今後の課題」
〈休息〉
報告3
　山西 良平（日本博物館協会「博物館登録制度の在り方に関する調査研究委員会」主査、西宮市貝
　　　　　類館顧問）
　「博物館登録制度の在り方に関する調査研究報告書から見えてくるもの」
報告4
　栗原 裕司（同「博物館登録制度の在り方に関する調査研究委員会」委員、京都国立博物館副館長）
　「平成20年の博物館法改正後の展開と今後の展望」
〈休憩〉
総合討論
　司会　半田 昌之（日本博物館協会専務理事）
　報告者4名
　矢島 國雄（同「博物館登録制度の在り方に関する調査研究委員会」委員、明治大学文学部教授）
　栗田 秀法（名古屋大学大学院人文学研究科教授）

〈参考資料3〉欧米の博物館認定 (認証) 制度

　イギリスでは、博物館の質保証の制度として、1988年から文化・メディア・スポーツ省が全額運営費を補助する博物館・図書館・文書館委員会 (Museums, Libraries and Archives Council) によって国家による博物館登録制度 (Museum Registration Scheme) あるいは2004年以降はより目的に沿うように名称変更されて博物館美術館認定 (認証) 制度 (Accreditation Scheme for Museums and Galleries in the United Kingdom) が行なわれている。なお、芸術の振興をつかさどる非政府部門公共機構 (non-departmental public body) で1946年に設立されたグレート・ブリテン芸術会議 (Arts Council of Great Britain) は、1994年にはそれぞれイングランド (Arts Council of England)、スコットランド (Scottish Arts Council)、ウェールズ (Arts Council of Wales) の芸術会議に分割されたが、2002年にはイングランド芸術会議 (Arts Council England) のもとに統括された。一方、上記の博物館・図書館・文書館委員会は、政府系公共機構の縮減政策の一環として2012年に消滅したが、それに先立つ2011年には、その博物館・図書館に係わる権能はイングランド芸術会議へと、公文書館に係わる権能は国立公文書館へと、委譲された。したがって、現在ではこのイングランド芸術会議1が博物館認定制度をつかさどっている。また認定基準も2011年に改定された。

　認定を申請できる博物館の基礎資格は以下である。イギリスの博物館協会 (Museums Association) の1998年の博物館の定義「博物館で人々は新知見、学習、娯楽のためにコレクションを探究することができる。博物館は社会のために、受託している人工物や自然物を収集し、保管し、利用できるようにしている組織である。」に合致すること。長期間にわたりコレクションを保持していること。公式の組織であること。2年間の会計帳簿を有すること。法的、倫理的、安全管理、平等・均等、環境、計画の諸点の要求を満たすこと。来館者の便益に叶う計画を進める意図を有すること。

　一方で、常置コレクションがない考古学遺跡、歴史的建造物、生物を展示する動物園・水族館・植物園等、短期の展示場、図書館、公文書館、インターネットでしかコレクションにアクセスできない施設、配当を配る団体、以上のような組織等は申請する資格がない。

　学校や図書館等の他の公共施設と異なり博物館は多様性に特徴があることを踏まえ、大英博物館等だけでなく経営規模が小さくボランティアを中心に運営されている小規模博物館をも視野に入れ、①運営、②コレクション、③来館者の3点において、「最低基準

　1　イングランド芸術会議ウェブサイト http://www.artscouncil.org.uk (2017年2月10日閲覧) を参照。特に認定 (認証) 制度については http://www.artscouncil.org.uk/supporting-museums/accreditation-scheme-0 (2017年2月10日閲覧) を参照。

（baseline quality standard）」を認定の基本とする。つまり、①においては、目的、経営主体、運営方法、将来計画、コレクションと建物等の長期占有、財政基盤、十分な数の経験を有する構成員、専門家の知見へのアクセスとそれの方針・決定への反映、防災体制、環境への配慮、②においては、コレクションに対する責任体制、収集方針、記録方針、保存管理方針、記録計画、保存管理計画、記録手続、安全管理に係わる専門家からの評価、③においては、来館者対応方針、来館者の体験、学習体験等において適切であることを認定の基準とする。

審査委員会は、イングランド芸術会議によって任命された15名ほどのボランティアの専門家達から構成される。審査の結果、「完全認定（full Accreditation）」、「暫定認定（provisional Accreditation）」、「認定延期（deferred decision pending further information）」、閉館、資格喪失、被災、他館との統合、基準に満たない、撤退などによる「認定取消し（removal from the scheme）」、「故意の非遵守による排除（Exclude due to deliberate non-compliance）」のいずれかと決定される。2016年11月の時点では、完全認定1561館（90.7%）、暫定認定160館（9.3%）、総計1721館（100%）であり（前年2015年11月時点の1726館（うち完全認定が1576館）より減少）、排除は3館である。

質の保証を維持するために、約2～3年の間隔で、定期的に再審査（Accreditation return）が行なわれる。なお、2015年11月から2016年11月の間の再審査を受けた博物館の69.8%が完全認定を受けた。

こういった認定は、社会の福利のためにコレクションを管理し公的支援金を正しく管理する組織としての博物館の信頼を高め、また倫理的基盤、専門職としての基盤を全ての博物館において確かなものとするのである。そして認定は、Performance（業績評価、目標達成、改良の基準の獲得）、Profile（館内における自信と館外における信頼の獲得、博物館に対する広範な認知と理解の獲得）、People（来館者の期待や興味への対応、館員の能力開発への寄与）、Partnership（業務点検を通じた館内あるいは他組織との協働の促進）、Planning（業務や施策の定型化の将来計画策定への貢献）、Patronage（公的認定の取得による公的・私的支援の増加、博物館へのパトロンからの信用度の向上）の6つのPにおいて、大きな恩恵があるとされている。

多様な博物館を共通の「最低基準」によって評価するこの認定制度により、下から25%ほどの博物館の底上げに寄与したと評価されている。また財源不足ゆえのコレクション売却への異議等により、博物館とその所蔵品を、政治家や行政官から守る役目も果たす。

一方、アメリカでは1906年にアメリカ博物館協会（AAM: American Association of Museums）が発足した。それが、博物館関係者だけでなく、地域ボランティア、実業家、愛好者などの多様なステークホルダーとの包括的な協働を目的として、2012年にアメリカ博物館同盟（AAM: American Alliance of Museums）[2]へと改組された。博物館認定制度[3]は、旧アメリカ博物館協会時代の1971年から始まり、現在はこのアメリカ博物館同盟の認

定委員会（American Alliance of Museums Accreditation Commission）が実施しており、同時に助言的な博物館診断も行なわれている。

しかし、2017年現在で認定されている博物館は1056館、暫定認定されている博物館は5館で、総計1061館である。アメリカの博物館総数は17,500館と推計されているので、認定・暫定認定の博物館は全体の6パーセントほどと僅かである。これは認定に多額の経費と労力を要し、全て自己負担であることによる。⁽⁴⁾

それでも認定を受けるのは、とりわけ、①信用性と責任能力、②明確な目的意識の涵養、③営業レバレッジと経営支援、④継続性ある堅固な組織、の4点において有利となるからである。⁽⁵⁾つまり、①投資機関や寄贈者に対する信用性が向上する、②構成員の業務に対する意識が高まる、③地域社会や州政府に対するロビーイングにおいて有用なツールとなる、他館との貸与や巡回展において有利となる、資金繰りへの支援に係わる営業レバレッジとなる、④持続性に富む組織となる、アートに係わる保険においてリスクが低いと判断される、等々の利点がある。

2　AAMウェブサイト http://aam-us.org、特に http://aam-us.org/alliance/why-the-change （2017年2月10日閲覧）を参照。

3　AAMウェブサイト http://www.aam-us.org/resources/assessment-programs/accreditation （2017年2月10日閲覧）を参照。

4　AAMウェブサイト http://www.aam-us.org/resources/assessment-programs/accreditation/cost （2017年2月10日閲覧）を参照。

5　AAMウェブサイト http://www.aam-us.org/resources/assessment-programs/accreditation/benefits （2017年2月10日閲覧）を参照。

付録II

博物館法案審議議事録

第12回国会　参議院　文部委員会　第11号
昭和26（1951）年11月21日

（出典：https://kokkai.ndl.go.jp/simple/detail?minId=101215115X01119511121&spkNum=0#s0)

昭和二十六年十一月二十一日（水曜日）
　　　午後二時十分開会

　　　─────────────

　出席者は左の通り。
　　　委員長　　　　　　堀越　　儀郎君
　　　理事
　　　　　　　　　　　　加納　　金助君
　　　　　　　　　　　　高田なほ子君
　　　　　　　　　　　　若木　　勝藏君
　　　　　　　　　　　　木内キヤウ君
　　　委員
　　　　　　　　　　　　木村　　守江君
　　　　　　　　　　　　高良　　とみ君
　　　　　　　　　　　　高橋　　道男君
　　　　　　　　　　　　山本　　勇造君
　　　　　　　　　　　　荒木正三郎君
　　　　　　　　　　　　大野　　幸一君
　　　　　　　　　　　　堂森　　芳夫君
　　　　　　　　　　　　矢嶋　　三義君
　　　　　　　　　　　　岩間　　正男君
　　　衆議院議員
　　　　　　　　　　　　若林　　義孝君
　　　　　　　　　　　　浦口　　鉄男君
　　　事務局側
　　　　常任委員会専門員　石丸　　敬次君
　　　　常任委員会専門員　竹内　　敏夫君

　　　─────────────

　　　本日の会議に付した事件
○博物館法案（衆議院送付）
○文化財保護法の一部を改正する法律案（堀越儀郎君外十九名発議）

　　　─────────────

○委員長 (堀越儀郎君)　それではこれより本日の会議を開きます。これより博物館法が付託になつておりますので、その提案理由を発議者を代表して衆議院議員若林君の御説明を承ることにいたします。

○衆議院議員 (若林義孝君)　このたび提出いたしました博物館法案について御説明申しあげます。

　わが国が、文化的な国家として健全な発達を図るためには、いろいろな方策が考えられましようが、国民の教養及び識見を昂める教育の力が最も大きな原動力となることは今改めて申し上げるまでもありません。

　併しながら、わが国においては往々にして学校教育を重視し社会教育の面に力をおよぼさなかつたうらみがあるのでありまして、国民の自主的な教育活動を促進する環境は、まことに貧弱を極めておるのであります。学校における学習活動と、実際生活における自己教育活動とは、当然、相まつて行われるべきでありまして、かくしてこそ真の教育の目的が達成され文化国家の理想も実現できるものとであります。

　戦後、社会教育法、図書館法が相次いで制定され、公民館、図書館が活溌な社会教育活動の中心機関として広く国民の利用に公開されておりますことは、御同慶に堪えません。しかし、一方において、実物教育機関としての博物館が、社会教育法に「別に法律をもつて定める」と規定されながら、現在何等の保護助成の道が講ぜられずにいたのでありまして、近時、視聴覚教育の重要性が痛感される折柄、誠に遺憾に思うのであります。特に、わが国においては、その国がらから貴重な文化財が豊富にあるにかかわらず、十分な活用が行われず却つて文化財を損耗しつつあつたと申しても過言ではないのでありまして、視聴覚教育機関としての博物館の整備充実を図ることはまさに緊急の要務であります。

　ついては、この博物館の健全な発展を図るために、大要次のごとき事項を規定した法律案を提出したのであります。即ち、第一には、新しい博物館の性格を明かにしてその本来の機能を確立し、博物館が教育委員会の所管に属することを明確にしたことであります。

　第二には、博物館の職員制度を確立し、専門的職員の資格及び養成の方法を定め、博物館の職員組織を明らかにしたことであります。

　第三には、博物館の民主的な運営を促進するために博物館協議会を設け、土地の事情にそつた博物館のあり方を規定したことであります。

　第四には、公立博物館に対する国庫補助金交付の規定を設け、その維持運営の奨励的補助を行うことにしたのであります。

　第五には、博物館資料の輸送料についての規定を設け、特に私立博物館については、固定資産税、市町村民税、入場税の課税の免除を規定し、私立博物館の独自な運営発展を促進するようにしたことであります。

以上が、この法律案の骨子でありますが、なお細目に亘つては浦口委員から御説明を聞いて頂くことにいたしますが、博物館の主要性にかんがみまして、十分に審議の上御賛成下さるようお願い申上げます。

○衆議院議員（浦口鉄男君）　それでは次に先ず制定の必要性について申上げます。ここに提出いたしました博物館法の提案理由及びその概要について御説明申上げます。従来、学校教育活動に比して極めて貧弱であつた社会教育活動は、今後益々拡充上助成されなければならないのでありますが、殊に、社会教育施設としての公民館、図書館、博物館等は、社会教育の場として誠に重要な施設と申さなければなりません。公民館及び図書館は、すでにそれぞれ法律的な根拠を得て活溌な教育活動を展開しているのでありますが、博物館につきましては、社会教育法に「別に法律をもつて定める」と規定されながら丁今日まで実現を見なかつたものであります。

　近時、視聴覚教育の重要性が痛感され、実物教育機関としての博物館の整備充実が喫緊の問題となるに及んで、一層、速かに博物館制度の確立を期さなければならないものと考えるのであります。

　第二に博物館の現状について申上げます。

　わが国で博物館と目されるものは、凡そ二〇〇館余でありまして、うち約一四〇館が私立博物館であります。しかしその数においても施設においても極めて貧弱でありまして、到底諸外国に及ぶべくもありません。古い歴史を持つわが国においては、相当貴重な資料が豊富にあるにもかかわらず、博物館が割合発達しなかつた理由は、いろいろあると思われますが、最も大きな原因としては、明治以降これらの施設に対して国が何等保護助成の施策を講ぜず、現在に及ぶまで野放しの状態におかれていたことであります。特に、終戦後におきましては公私立博物館とも財政難のために経営困難となり、貴重な資料がいたずらにそこなわれ又は散決し、殊に、私立博物館にあつては、固定資産税の課税によつて博物館の維持すら困難となり、更に入場税の課税によつて利用者もおのずから限られるという始末で、既に閉館又は廃館するに至つたものもある現状であります。

　又博物館の種類についてみましても、わが国には、その国がらから歴史、美術に関する博物館が多く、科学、産業に関する博物館が誠に少いのであります。国民の科学的知識の培養、産業の改善及び振興等についての知識技術の普及など、実際生活に即応する実物教育資料の整備と活用とは、博物館にとつて極めて重要なことなのでありますが、これらの点については、全くかえりみられていないと申しても過言でないのであります。

　かようなわけで、わが国の博物館は全く不振を極め、博物館本来の機能を期待することは、到底望めなかつたのであります。

　第三に法案の要旨を申上げます。

このような博物館の現状に立脚し、この法案は、公私立博物館について次のような内容を規定いたしまして、博物館制度の確立を図ろうとするものであります。

以下、各車にわたつて、その概要を御説明申上げたいと思います。

第一章　総則におきましては、

第一には、この法律の目的および博物館の定義を明示いたしました。すなわち、この法律の適用を受ける博物館の設置主体を、地方公共団体、公益法人および宗教法人に限定し、博物館の運営管理の基礎を確立すると同時に、特に、わが国において発達を見なかつた科学、産業に関する博物館をこの定義において明確にいたしたのであります。

第二は、博物館の事業を明らかにいたしました。従来、往々にして、資料の陳列を主とし、博物館の研究活動、館外活動又は出版活動等に積極的な機能が失われ勝ちでありましたので、博物館の動的な面を強調し、関係機関との立体的な活動を促進するよう、その本来の機能を規定したのであります。

第三は、博物館の専門的職員について、その資格と養成について規定し、職員制度の確立をはかろうといたしました。第四は基準を設定したことであります。即ち博物館の健全な発達を図るために文部大臣が、設置及び運営上望ましいと思われる基準を教育委員会に示すことにしたのであります。

次に、第二章におきましては、博物館の登録制度を規定いたしました。すなわち、博物館を設置しようとするときは、設置者は、その任意申請により、都道府県の教育委員会の審査を経て、登録を受けることにしたのでありますが、これは、博物館の持つ特異な性格によるものであります。博物館の機能は、各種各様の有益な資料によつて基礎づけられるものであり、又一その各種類にわたる資料が常に公共的に活用されることが大切なのであります。したがつて、博物館の基本的な機能を確保しようとする場合には、単に設置主体のみを限定することで、それが期待できるとは申し難いのでありまして、その機能の基本的要件が確保されなければ意味がないのであります。つまり、博物館の設置について、単にその報告とか、届出とかによつて、この法律に規定する機能を持つ博物館が直ちに予想されることは申されないのでありましてここに、博物館の公共的活動の基本的要件を備えているかどうかを審査する必要が生じて来るのであります。かようにして、これらの要件を具備しているものが、博物館として保護助成されるということは、極めて妥当であり、望ましいことと考えるのであります。又固定資産税、入場税、市町村民税及び博物館資料の輸送料の減免をする関係上、脱税を目的として設置されるような私立博物館を排除するためにも、この制度を設ける必要を感じたわけであります。これは、博物館を拘束するということではなく、博物館の特異性から、その機能の基礎を確保し、積極的にその助長を図ろうとするためのものであります。

第三章におきましては、公立博物館の設置運営について必要な規定をいたしました。

　第一は、公立博物館の運営を民主的にするために、館長の諮問機関として博物館協議会を置くことができることにしたのであります。

　第二は、公立博物館が無料で公開されることを原則とすることを規定いたしました。

　第三は、公立博物館に対して、国庫から補助金を交付するように規定いたしました。これは、博物館の維持運営について、その精算額に応じて奨励的に補助するものでありまして公民館、図書館の場合におけると同様に規定したものであります。

　第四は、これらの公立博物館は、教育委員会の所管に属することを明示いたしました。

　第四章は、私立博物館について規定いたしました。私立博物館は、その独自な運営によつてわが国の博物館事業の面において、誠に大きな役割を占めて参つたのでありましてその業績は高く評価されなければなりません。

　そこで私立博物館についてその自主性を尊重し、その特色をますます発揮できるように留意して必要な規定を設け将来の健全な発展を期待しているものであります。

　なお、附則におきましては、現在博物館に勤務する職員について必要な経過措置を講ずるとともに、地方税法の一部改正を規定いたしたのであります。

　最後に、この法律に規定する博物館は、いかなる特典を得られるかと申しますと、要約すれば次の通りであります。

　一、公立博物館にあつては、補助金の交付を受けられること及び入場税が免税になること。

　二、私立博物館にあつては、固定資産税、市町村民税及び入場税が免税になること。

　三、公私立博物館資料の運賃および料金について割引がなされること。

　以上が、この法律案の主な内容でありますが、博物館の重要性にかんがみまして、その健全な発達を図るために十分御審議頂きまして速かにこの法案が成立いたしますよう特にお願い申上げるものであります。

○委員長（堀越儀郎君）　それでは本法案に対する質疑は次回に譲りまして、第二の法案を上挺することにいたします。ちよつと速記をとめで不さい。

午後二時二十五分速記中止

————— · —————

午後三時十分速記開始

○委員長（堀越儀郎君）　それでは速記を始めて下さい。

　本委員会に付託になりました堀越儀郎君ほか十九名発議の文化財保護法の一部を改正する法律案を上提いたします。先ず発議者を代表して高橋道男君から提案理由の御説明を承ることにいたします。

○高橋道男君　ただ今議題となりました文化財保護法の一部を改正する法律案の提案理由を御説明申上げます。

　第七回国会において成立し、昨年五月三十日に公布施行せられました文化財保護法によつて、我が国の文化財保護行政は、今や、新たな軌道に乗ろうとしているところであります。従つて、この法律の充実改善について根本的検討を加えることは、今暫らく運営を経た後に譲るべきものと存じますが、従来からその必要を痛感されていました京都国立博物館及び奈良文化財研究所新設の機運が熟しましたことと、今日までの同法の実施状況に照して若干の規定整備を加える必要も認められますので、これらの小範囲の改正をいたそうとするのが、この改正案の趣旨であります。

　次に本案により改正いたそうとする主な事項について御説明申上げます。

　改正の第一点は、京都国立博物館及び奈良文化財研究所の新設であります、御承知の通り、奈良、京都を中心とする関西地方は、質的に最も貴重な文化財が数的にも最も多く保存されている地方であります。従つて、この地方に適当な公開施設を設けますなら文化財の出品を行いますのに便利であり、充実した企画に基く公開を実施することができますし、その文化財の保存され来つた地方の歴史的、自然的環境風土の中においてこれを鑑賞することが一層深い感銘を與えることとなり、わが国文化財の内外における認識理解を深めるのに寄與すること少からぬものがあろうと存じます。又この地方に適当な研究機関を設けますことも、その豊富な研究対象が手近にありますので、その研究を行う上において大きな利便がありますことは申すまでもなく、また文化財所有者の求めに応じて速やかにその保存に関する適切な指導助言を與えることもできる等、文化財研究の充実向上及び文化財保存の徹底に大いに貢献し得るものと期待されます。この観点に立ちまして、現在の京都市立博物館を譲り受け、これを充実改良いたしまして京都国立博物館を設けると共に、新たに奈良文化財研究所を新設し、現在東京都にある国立博物館及び文化財研究所と東西相対応して文化財の公開及び研究の中核といたしますことは、文化財保護行政の目的達成上最も適切な施策であろうと存ずる次第であります。なお、この二つの機関の設置は、予算の関係上昭和二十七年四月一日から実施することといたしておるのであります。

　改正の第二点は、国宝その他の重要文化財の所在の変更について、現在事後の届出を要することとなつておりますものを、事前の届出を要することといたそうとするものであります。国宝その他の重要文化財の所在の変更に当りましては、その移動の際における文化財のき損防止上必要な指導、移動先の環境に応ずる管理上必要な指示を

事前に行うことが文化財の保存上適当な場合があり、事後の届出のみでは、保護の万全を期し得ない憾みがありますので、原則として文化財の所在の変更につきましては、所在を変更しようとする日の二十日前までに事前の届出を要することといたそうと存ずるのであります。

　改正の第三点は、都道府県の教育委員会に関する規定を整備いたそうとするものであります。即ち史跡名勝天然記念物の現状変更に関する文化財保護委員会の許可の権限を都道府県の教育委員会に委任し得る道を開き、また都道府県の教育委員会は、当該都道府県の区域内に存する文化財の保存及び活用に関し、委員会に対し意見具申を行なうことができることとし、文化財保護行政に関する都道府県教育委員会の権限と責任を拡めることといたしますると共に、この教育委員会に専門的、技術的補助機関として文化財専門委員を置くことができる旨の規定を設けることといたした次第であります。

　以上のほか国宝又は重要文化財の国に対する優先的売渡申出に対する国の買取通知期間を二十日から三十日に延長し、文化財保護委員会附置の「研究所」の名称を「文化財研究所」と改めるとともに、重要文化財の修理等につき国から補助金、負担金を受けた者又はその相続人等がその重要文化財を有償で譲り渡す場合に国に返納すべき納付金に関する規定、文化財保護委員会事務局各部の所掌事務に関する規定及び国有財産法との調整規定その他二三の点について若干の事務的整備を行なうことといたしました。

　以上がこの法律案の提案理由及びその内容の骨子でございます。何とぞ、十分御審議の上速かに御賛成あらんことをお願いいたします。

○委員長（堀越儀郎君）　提案理由を承りましたが何か御意見のあるかたは御発言願います。

○加納金助君　動議を提出いたします。本法案は我々文部委員全員の発議でありますから質疑及び討論を省略いたしまして、直ちに表決せられんことの動議を提出いたします。

　　〔「賛成」と呼ぶ者あり〕

○委員長（堀越儀郎君）　只今加納君の御提案のように、本法案は全員の提案でございますから質疑及び討論を省略して直ちに採決に入りたいと思いますが、御異議ございませんか。

　　〔「異議なし」と呼ぶ者あり〕

○委員長（堀越儀郎君）　それでは採決をいたします。文化財保護法の一部を改正する法律案を上提いたします。本法案を原案通り可決することに賛成のかたの御起立を願い

ます。

　　　　〔賛成者起立〕

○委員長（堀越儀郎君）　全会一致でございます。よつて本法案は原案通り可決すべきものと決定いたしました。

　なお本会議における委員長の口頭報告の内容は、本院規則第百四條によつてあらかじめ多数意見者の承認を経なければならないことになつておりますが、これは委員長において本法案の内容、本委員会における審議の経過、及び採決の結果を報告することにいたして御承認願うことに御異議ございませんか。

　　　　〔「異議なし」と呼ぶ者あり〕

○委員長（堀越儀郎君）　御異議ないと認めます。

　それから本院規則第七十二條によりまして、委員長が議院に提出する報告書に多数意見者の署名をすることになつておりますから、本法案を可とされたかたは順次御署名を願います。

　　　多数意見者署名

　　　　　加納　金助　　　木内キヤウ

　　　　　若木　勝藏　　　大野　幸一

　　　　　堂森　芳夫　　　木村　守江

　　　　　荒木正三郎　　　高良　とみ

　　　　　高橋　道男　　　山本　勇造

　　　　　矢嶋　三義　　　岩間　正男

○委員長（堀越儀郎君）　御署名洩れはございませんか。……ないと認めます。

　それでは本日はこれを以て散会いたします。

　　　　　　　　　午後三時二十五分散会

付録III

博物館法

昭和二十六年法律第二百八十五号

（出典：https://elaws.e-gov.go.jp/document?lawid=326AC1000000285）

第一章　総則

（この法律の目的）

第一条　この法律は、社会教育法（昭和二十四年法律第二百七号）の精神に基き、博物館の設置及び運営に関して必要な事項を定め、その健全な発達を図り、もつて国民の教育、学術及び文化の発展に寄与することを目的とする。

（定義）

第二条　この法律において「博物館」とは、歴史、芸術、民俗、産業、自然科学等に関する資料を収集し、保管（育成を含む。以下同じ。）し、展示して教育的配慮の下に一般公衆の利用に供し、その教養、調査研究、レクリエーション等に資するために必要な事業を行い、あわせてこれらの資料に関する調査研究をすることを目的とする機関（社会教育法による公民館及び図書館法（昭和二十五年法律第百十八号）による図書館を除く。）のうち、地方公共団体、一般社団法人若しくは一般財団法人、宗教法人又は政令で定めるその他の法人（独立行政法人（独立行政法人通則法（平成十一年法律第百三号）第二条第一項に規定する独立行政法人をいう。第二十九条において同じ。）を除く。）が設置するもので次章の規定による登録を受けたものをいう。

2　この法律において、「公立博物館」とは、地方公共団体の設置する博物館をいい、「私立博物館」とは、一般社団法人若しくは一般財団法人、宗教法人又は前項の政令で定める法人の設置する博物館をいう。

3　この法律において「博物館資料」とは、博物館が収集し、保管し、又は展示する資料（電磁的記録（電子的方式、磁気的方式その他人の知覚によつては認識することができない方式で作られた記録をいう。）を含む。）をいう。

（博物館の事業）

第三条　博物館は、前条第一項に規定する目的を達成するため、おおむね次に掲げる事業を行う。

　　一　実物、標本、模写、模型、文献、図表、写真、フィルム、レコード等の博物館資料を豊富に収集し、保管し、及び展示すること。

　　二　分館を設置し、又は博物館資料を当該博物館外で展示すること。

　　三　一般公衆に対して、博物館資料の利用に関し必要な説明、助言、指導等を行い、又は研究室、実験室、工作室、図書室等を設置してこれを利用させること。

　　四　博物館資料に関する専門的、技術的な調査研究を行うこと。

　　五　博物館資料の保管及び展示等に関する技術的研究を行うこと。

六　博物館資料に関する案内書、解説書、目録、図録、年報、調査研究の報告書等を作成し、及び頒布すること。

七　博物館資料に関する講演会、講習会、映写会、研究会等を主催し、及びその開催を援助すること。

八　当該博物館の所在地又はその周辺にある文化財保護法（昭和二十五年法律第二百十四号）の適用を受ける文化財について、解説書又は目録を作成する等一般公衆の当該文化財の利用の便を図ること。

九　社会教育における学習の機会を利用して行つた学習の成果を活用して行う教育活動その他の活動の機会を提供し、及びその提供を奨励すること。

十　他の博物館、博物館と同一の目的を有する国の施設等と緊密に連絡し、協力し、刊行物及び情報の交換、博物館資料の相互貸借等を行うこと。

十一　学校、図書館、研究所、公民館等の教育、学術又は文化に関する諸施設と協力し、その活動を援助すること。

2　博物館は、その事業を行うに当つては、土地の事情を考慮し、国民の実生活の向上に資し、更に学校教育を援助し得るようにも留意しなければならない。

（館長、学芸員その他の職員）

第四条　博物館に、館長を置く。

2　館長は、館務を掌理し、所属職員を監督して、博物館の任務の達成に努める。

3　博物館に、専門的職員として学芸員を置く。

4　学芸員は、博物館資料の収集、保管、展示及び調査研究その他これと関連する事業についての専門的事項をつかさどる。

5　博物館に、館長及び学芸員のほか、学芸員補その他の職員を置くことができる。

6　学芸員補は、学芸員の職務を助ける。

（学芸員の資格）

第五条　次の各号のいずれかに該当する者は、学芸員となる資格を有する。

一　学士の学位（学校教育法（昭和二十二年法律第二十六号）第百四条第二項に規定する文部科学大臣の定める学位（専門職大学を卒業した者に対して授与されるものに限る。）を含む。）を有する者で、大学において文部科学省令で定める博物館に関する科目の単位を修得したもの

二　大学に二年以上在学し、前号の博物館に関する科目の単位を含めて六十二単位以上を修得した者で、三年以上学芸員補の職にあつたもの

三　文部科学大臣が、文部科学省令で定めるところにより、前二号に掲げる者と同等以上の学力及び経験を有する者と認めた者

2　前項第二号の学芸員補の職には、官公署、学校又は社会教育施設（博物館の事業に類する事業を行う施設を含む。）における職で、社会教育主事、司書その他の学

芸員補の職と同等以上の職として文部科学大臣が指定するものを含むものとする。

（学芸員補の資格）

第六条　学校教育法第九十条第一項の規定により大学に入学することのできる者は、学芸員補となる資格を有する。

（学芸員及び学芸員補の研修）

第七条　文部科学大臣及び都道府県の教育委員会は、学芸員及び学芸員補に対し、その資質の向上のために必要な研修を行うよう努めるものとする。

（設置及び運営上望ましい基準）

第八条　文部科学大臣は、博物館の健全な発達を図るために、博物館の設置及び運営上望ましい基準を定め、これを公表するものとする。

（運営の状況に関する評価等）

第九条　博物館は、当該博物館の運営の状況について評価を行うとともに、その結果に基づき博物館の運営の改善を図るため必要な措置を講ずるよう努めなければならない。

（運営の状況に関する情報の提供）

第九条の二　博物館は、当該博物館の事業に関する地域住民その他の関係者の理解を深めるとともに、これらの者との連携及び協力の推進に資するため、当該博物館の運営の状況に関する情報を積極的に提供するよう努めなければならない。

第二章　登録

（登録）

第十条　博物館を設置しようとする者は、当該博物館について、当該博物館の所在する都道府県の教育委員会（当該博物館（都道府県が設置するものを除く。）が指定都市（地方自治法（昭和二十二年法律第六十七号）第二百五十二条の十九第一項の指定都市をいう。以下この条及び第二十九条において同じ。）の区域内に所在する場合にあつては、当該指定都市の教育委員会。同条を除き、以下同じ。）に備える博物館登録原簿に登録を受けるものとする。

（登録の申請）

第十一条　前条の規定による登録を受けようとする者は、設置しようとする博物館について、左に掲げる事項を記載した登録申請書を都道府県の教育委員会に提出しなければならない。

　　一　設置者の名称及び私立博物館にあつては設置者の住所

　　二　名称

　　三　所在地

2　前項の登録申請書には、次に掲げる書類を添付しなければならない。

　一　公立博物館にあつては、設置条例の写し、館則の写し、直接博物館の用に供する建物及び土地の面積を記載した書面及びその図面、当該年度における事業計画書及び予算の歳出の見積りに関する書類、博物館資料の目録並びに館長及び学芸員の氏名を記載した書面

　二　私立博物館にあつては、当該法人の定款の写し又は当該宗教法人の規則の写し、館則の写し、直接博物館の用に供する建物及び土地の面積を記載した書面及びその図面、当該年度における事業計画書及び収支の見積りに関する書類、博物館資料の目録並びに館長及び学芸員の氏名を記載した書面

（登録要件の審査）

第十二条　都道府県の教育委員会は、前条の規定による登録の申請があつた場合においては、当該申請に係る博物館が左に掲げる要件を備えているかどうかを審査し、備えていると認めたときは、同条第一項各号に掲げる事項及び登録の年月日を博物館登録原簿に登録するとともに登録した旨を当該登録申請者に通知し、備えていないと認めたときは、登録しない旨をその理由を附記した書面で当該登録申請者に通知しなければならない。

　一　第二条第一項に規定する目的を達成するために必要な博物館資料があること。

　二　第二条第一項に規定する目的を達成するために必要な学芸員その他の職員を有すること。

　三　第二条第一項に規定する目的を達成するために必要な建物及び土地があること。

　四　一年を通じて百五十日以上開館すること。

（登録事項等の変更）

第十三条　博物館の設置者は、第十一条第一項各号に掲げる事項について変更があつたとき、又は同条第二項に規定する添付書類の記載事項について重要な変更があつたときは、その旨を都道府県の教育委員会に届け出なければならない。

　2　都道府県の教育委員会は、第十一条第一項各号に掲げる事項に変更があつたことを知つたときは、当該博物館に係る登録事項の変更登録をしなければならない。

（登録の取消）

第十四条　都道府県の教育委員会は、博物館が第十二条各号に掲げる要件を欠くに至つたものと認めたとき、又は虚偽の申請に基いて登録した事実を発見したときは、当該博物館に係る登録を取り消さなければならない。但し、博物館が天災その他やむを得ない事由により要件を欠くに至つた場合においては、その要件を欠くに至つた日から二年間はこの限りでない。

　2　都道府県の教育委員会は、前項の規定により登録の取消しをしたときは、当該

博物館の設置者に対し、速やかにその旨を通知しなければならない。

（博物館の廃止）

第十五条　博物館の設置者は、博物館を廃止したときは、すみやかにその旨を都道府県の教育委員会に届け出なければならない。

　　2　都道府県の教育委員会は、博物館の設置者が当該博物館を廃止したときは、当該博物館に係る登録をまつ、消しなければならない。

（規則への委任）

第十六条　この章に定めるものを除くほか、博物館の登録に関し必要な事項は、都道府県の教育委員会の規則で定める。

第十七条　削除

第三章　公立博物館

（設置）

第十八条　公立博物館の設置に関する事項は、当該博物館を設置する地方公共団体の条例で定めなければならない。

（所管）

第十九条　公立博物館は、当該博物館を設置する地方公共団体の教育委員会（地方教育行政の組織及び運営に関する法律（昭和三十一年法律第百六十二号）第二十三条第一項の条例の定めるところにより地方公共団体の長がその設置、管理及び廃止に関する事務を管理し、及び執行することとされた博物館にあつては、当該地方公共団体の長。第二十一条において同じ。）の所管に属する。

（博物館協議会）

第二十条　公立博物館に、博物館協議会を置くことができる。

　　2　博物館協議会は、博物館の運営に関し館長の諮問に応ずるとともに、館長に対して意見を述べる機関とする。

第二十一条　博物館協議会の委員は、当該博物館を設置する地方公共団体の教育委員会が任命する。

第二十二条　博物館協議会の設置、その委員の任命の基準、定数及び任期その他博物館協議会に関し必要な事項は、当該博物館を設置する地方公共団体の条例で定めなければならない。この場合において、委員の任命の基準については、文部科学省令で定める基準を参酌するものとする。

（入館料等）

第二十三条　公立博物館は、入館料その他博物館資料の利用に対する対価を徴収してはならない。但し、博物館の維持運営のためにやむを得ない事情のある場合は、必要

な対価を徴収することができる。

（博物館の補助）

第二十四条　国は、博物館を設置する地方公共団体に対し、予算の範囲内において、博物館の施設、設備に要する経費その他必要な経費の一部を補助することができる。

　　2　前項の補助金の交付に関し必要な事項は、政令で定める。

第二十五条　削除

（補助金の交付中止及び補助金の返還）

第二十六条　国は、博物館を設置する地方公共団体に対し第二十四条の規定による補助金の交付をした場合において、左の各号の一に該当するときは、当該年度におけるその後の補助金の交付をやめるとともに、第一号の場合の取消が虚偽の申請に基いて登録した事実の発見に因るものである場合には、既に交付した補助金を、第三号及び第四号に該当する場合には、既に交付した当該年度の補助金を返還させなければならない。

　　一　当該博物館について、第十四条の規定による登録の取消があつたとき。

　　二　地方公共団体が当該博物館を廃止したとき。

　　三　地方公共団体が補助金の交付の条件に違反したとき。

　　四　地方公共団体が虚偽の方法で補助金の交付を受けたとき。

第四章　私立博物館

（都道府県の教育委員会との関係）

　第二十七条　都道府県の教育委員会は、博物館に関する指導資料の作成及び調査研究のために、私立博物館に対し必要な報告を求めることができる。

　　2　都道府県の教育委員会は、私立博物館に対し、その求めに応じて、私立博物館の設置及び運営に関して、専門的、技術的の指導又は助言を与えることができる。

（国及び地方公共団体との関係）

第二十八条　国及び地方公共団体は、私立博物館に対し、その求めに応じて、必要な物資の確保につき援助を与えることができる。

第五章　雑則

（博物館に相当する施設）

第二十九条　博物館の事業に類する事業を行う施設で、国又は独立行政法人が設置する施設にあつては文部科学大臣が、その他の施設にあつては当該施設の所在する都道府県の教育委員会（当該施設（都道府県が設置するものを除く。）が指定都市の区域

内に所在する場合にあつては、当該指定都市の教育委員会）が、文部科学省令で定めるところにより、博物館に相当する施設として指定したものについては、第二十七条第二項の規定を準用する。

附　則

（施行期日）
　1　この法律は、公布の日から起算して三箇月を経過した日から施行する。
（経過規定）
　2　第六条に規定する者には、旧中等学校令（昭和十八年勅令第三十六号）、旧高等学校令又は旧青年学校令（昭和十四年勅令第二百五十四号）の規定による中等学校、高等学校尋常科又は青年学校本科を卒業し、又は修了した者及び文部省令でこれらの者と同等以上の資格を有するものと定めた者を含むものとする。

附則（昭和二七年八月一四日法律第三〇五号）　抄

（施行期日）
　1　この法律は、附則第六項及び附則第十六項から附則第二十六項までの規定を除き、公布の日から施行し、附則第六項及び附則第十六項から附則第二十六項までの規定は、公布の日から起算して六箇月をこえない期間内において政令で定める日から施行する。

附　則（昭和三〇年七月二二日法律第八一号）

（施行期日）
　1　この法律は、公布の日から施行する。
（経過規定）
　2　改正前の博物館法（以下「旧法」という。）第五条第一項第二号、第四号又は第五号に該当する者は、改正後の博物館法（以下「新法」という。）第五条の規定にかかわらず、学芸員となる資格を有するものとする。
　3　旧法附則第六項の規定により人文科学学芸員又は自然科学学芸員となる資格を有していた者は、新法第五条の規定にかかわらず、この法律の施行の日から起算して一年間は、学芸員となる資格を有するものとする。
　4　新法第五条第二号の学芸員補の職には、旧法附則第四項に規定する学芸員補の職に相当する職又はこれと同等以上の職を含むものとする。

附　　則（昭和三一年六月三〇日法律第一六三号）　抄

（施行期日）

　　1　この法律は、昭和三十一年十月一日から施行する。

　附　　則（昭和三四年四月三〇日法律第一五八号）　抄

（施行期日）

　　1　この法律は、公布の日から施行する。

　附　　則（昭和四六年六月一日法律第九六号）　抄

（施行期日等）

　　1　この法律は、公布の日から施行する。

（経過措置）

　　5　この法律の施行前に第十三条の規定による改正前の博物館法第二十九条の規定
　　により文部大臣がした指定は、第十三条の規定による改正後の博物館法第二十九条
　　の規定により文部大臣又は都道府県の教育委員会がした指定とみなす。

　附　　則（昭和五八年一二月二日法律第七八号）　抄

　　1　この法律（第一条を除く。）は、昭和五十九年七月一日から施行する。

　附　　則（昭和六一年一二月四日法律第九三号）　抄

（施行期日）

第一条　この法律は、昭和六十二年四月一日から施行する。

（政令への委任）

第四十二条　附則第二条から前条までに定めるもののほか、この法律の施行に関し必要
　　な事項は、政令で定める。

　附　　則（平成三年四月二日法律第二三号）　抄

（施行期日）

　　1　この法律は、平成三年七月一日から施行する。

　附　　則（平成三年四月二日法律第二五号）　抄

（施行期日）

　　1　この法律は、平成三年七月一日から施行する。

附　則（平成五年一一月一二日法律第八九号）　抄

（施行期日）

第一条　この法律は、行政手続法（平成五年法律第八十八号）の施行の日から施行する。

（諮問等がされた不利益処分に関する経過措置）

第二条　この法律の施行前に法令に基づき審議会その他の合議制の機関に対し行政手続
　　法第十三条に規定する聴聞又は弁明の機会の付与の手続その他の意見陳述のための
　　手続に相当する手続を執るべきことの諮問その他の求めがされた場合においては、
　　当該諮問その他の求めに係る不利益処分の手続に関しては、この法律による改正後
　　の関係法律の規定にかかわらず、なお従前の例による。

（政令への委任）

第十五条　附則第二条から前条までに定めるもののほか、この法律の施行に関して必要
　　な経過措置は、政令で定める。

附　則（平成一一年七月一六日法律第八七号）　抄

（施行期日）

第一条　この法律は、平成十二年四月一日から施行する。ただし、次の各号に掲げる規
　　定は、当該各号に定める日から施行する。

　　一　第一条中地方自治法第二百五十条の次に五条、節名並びに二款及び款名を加
　　　える改正規定（同法第二百五十条の九第一項に係る部分（両議院の同意を得る
　　　ことに係る部分に限る。）に限る。）、第四十条中自然公園法附則第九項及び第
　　　十項の改正規定（同法附則第十項に係る部分に限る。）、第二百四十四条の規定
　　　（農業改良助長法第十四条の三の改正規定に係る部分を除く。）並びに第四百
　　　七十二条の規定（市町村の合併の特例に関する法律第六条、第八条及び第十七
　　　条の改正規定に係る部分を除く。）並びに附則第七条、第十条、第十二条、第
　　　五十九条ただし書、第六十条第四項及び第五項、第七十三条、第七十七条、第
　　　百五十七条第四項から第六項まで、第百六十条、第百六十三条、第百六十四条
　　　並びに第二百二条の規定　公布の日

（国等の事務）

第百五十九条　この法律による改正前のそれぞれの法律に規定するもののほか、この法
　　律の施行前において、地方公共団体の機関が法律又はこれに基づく政令により管理
　　し又は執行する国、他の地方公共団体その他公共団体の事務（附則第百六十一条に
　　おいて「国等の事務」という。）は、この法律の施行後は、地方公共団体が法律又は
　　これに基づく政令により当該地方公共団体の事務として処理するものとする。

（処分、申請等に関する経過措置）

第百六十条　この法律（附則第一条各号に掲げる規定については、当該各規定。以下この条及び附則第百六十三条において同じ。）の施行前に改正前のそれぞれの法律の規定によりされた許可等の処分その他の行為（以下この条において「処分等の行為」という。）又はこの法律の施行の際現に改正前のそれぞれの法律の規定によりされている許可等の申請その他の行為（以下この条において「申請等の行為」という。）で、この法律の施行の日においてこれらの行為に係る行政事務を行うべき者が異なることとなるものは、附則第二条から前条までの規定又は改正後のそれぞれの法律（これに基づく命令を含む。）の経過措置に関する規定に定めるものを除き、この法律の施行の日以後における改正後のそれぞれの法律の適用については、改正後のそれぞれの法律の相当規定によりされた処分等の行為又は申請等の行為とみなす。

２　この法律の施行前に改正前のそれぞれの法律の規定により国又は地方公共団体の機関に対し報告、届出、提出その他の手続をしなければならない事項で、この法律の施行の日前にその手続がされていないものについては、この法律及びこれに基づく政令に別段の定めがあるもののほか、これを、改正後のそれぞれの法律の相当規定により国又は地方公共団体の相当の機関に対して報告、届出、提出その他の手続をしなければならない事項についてその手続がされていないものとみなして、この法律による改正後のそれぞれの法律の規定を適用する。

（不服申立てに関する経過措置）

第百六十一条　施行日前にされた国等の事務に係る処分であって、当該処分をした行政庁（以下この条において「処分庁」という。）に施行日前に行政不服審査法に規定する上級行政庁（以下この条において「上級行政庁」という。）があったものについての同法による不服申立てについては、施行日以後においても、当該処分庁に引き続き上級行政庁があるものとみなして、行政不服審査法の規定を適用する。この場合において、当該処分庁の上級行政庁とみなされる行政庁は、施行日前に当該処分庁の上級行政庁であった行政庁とする。

２　前項の場合において、上級行政庁とみなされる行政庁が地方公共団体の機関であるときは、当該機関が行政不服審査法の規定により処理することとされる事務は、新地方自治法第二条第九項第一号に規定する第一号法定受託事務とする。

（その他の経過措置の政令への委任）

第百六十四条　この附則に規定するもののほか、この法律の施行に伴い必要な経過措置（罰則に関する経過措置を含む。）は、政令で定める。

（検討）

第二百五十条　新地方自治法第二条第九項第一号に規定する第一号法定受託事務については、できる限り新たに設けることのないようにするとともに、新地方自治法別表第一に掲げるもの及び新地方自治法に基づく政令に示すものについては、地方分権

を推進する観点から検討を加え、適宜、適切な見直しを行うものとする。

第二百五十一条　政府は、地方公共団体が事務及び事業を自主的かつ自立的に執行できるよう、国と地方公共団体との役割分担に応じた地方税財源の充実確保の方途について、経済情勢の推移等を勘案しつつ検討し、その結果に基づいて必要な措置を講ずるものとする。

附　　則（平成一一年一二月二二日法律第一六〇号）　抄

（施行期日）

第一条　この法律（第二条及び第三条を除く。）は、平成十三年一月六日から施行する。ただし、次の各号に掲げる規定は、当該各号に定める日から施行する。

　　　一　第九百九十五条（核原料物質、核燃料物質及び原子炉の規制に関する法律の一部を改正する法律附則の改正規定に係る部分に限る。）、第千三百五条、第千三百六条、第千三百二十四条第二項、第千三百二十六条第二項及び第千三百四十四条の規定　公布の日

附　　則（平成一一年一二月二二日法律第二二〇号）　抄

（施行期日）

第一条　この法律（第一条を除く。）は、平成十三年一月六日から施行する。

（政令への委任）

第四条　前二条に定めるもののほか、この法律の施行に関し必要な事項は、政令で定める。

附　　則（平成一三年七月一一日法律第一〇五号）　抄

（施行期日）

第一条　この法律は、公布の日から施行する。ただし、次の各号に掲げる規定は、当該各号に定める日から施行する。

　　　一　略

　　　二　第五十六条に一項を加える改正規定、第五十七条第三項の改正規定、第六十七条に一項を加える改正規定並びに第七十三条の三及び第八十二条の十の改正規定並びに次条及び附則第五条から第十六条までの規定　平成十四年四月一日

附　　則（平成一八年六月二日法律第五〇号）　抄

この法律は、一般社団・財団法人法の施行の日から施行する。

附　則（平成一九年六月二七日法律第九六号）　抄

（施行期日）

第一条　この法律は、公布の日から起算して六月を超えない範囲内において政令で定める日から施行する。

附　則（平成二〇年六月一一日法律第五九号）　抄

（施行期日）

1　この法律は、公布の日から施行する。

附　則（平成二三年六月二二日法律第七〇号）　抄

（施行期日）

第一条　この法律は、平成二十四年四月一日から施行する。ただし、次条の規定は公布の日から、附則第十七条の規定は地域の自主性及び自立性を高めるための改革の推進を図るための関係法律の整備に関する法律（平成二十三年法律第百五号）の公布の日又はこの法律の公布の日のいずれか遅い日から施行する。

附　則（平成二三年六月二四日法律第七四号）　抄

（施行期日）

第一条　この法律は、公布の日から起算して二十日を経過した日から施行する。

附　則（平成二三年八月三〇日法律第一〇五号）　抄

（施行期日）

第一条　この法律は、公布の日から施行する。ただし、次の各号に掲げる規定は、当該各号に定める日から施行する。

　　一　略

　　二　第二条、第十条（構造改革特別区域法第十八条の改正規定に限る。）、第十四条（地方自治法第二百五十二条の十九、第二百六十条並びに別表第一騒音規制法（昭和四十三年法律第九十八号）の項、都市計画法（昭和四十三年法律第百号）の項、都市再開発法（昭和四十四年法律第三十八号）の項、環境基本法（平成五年法律第九十一号）の項及び密集市街地における防災街区の整備の促進に関する法律（平成九年法律第四十九号）の項並びに別表第二都市再開発法（昭和四十四年法律第三十八号）の項、公有地の拡大の推進に関する法律（昭和四十七年法律第六十六号）の項、大都市地域における住宅及び住宅地の供給の促進に関する特別措置法（昭和五十年法律第六十七号）の項、

密集市街地における防災街区の整備の促進に関する法律（平成九年法律第四十九号）の項及びマンションの建替えの円滑化等に関する法律（平成十四年法律第七十八号）の項の改正規定に限る。）、第十七条から第十九条まで、第二十二条（児童福祉法第二十一条の五の六、第二十一条の五の十五、第二十一条の五の二十三、第二十四条の九、第二十四条の十七、第二十四条の二十八及び第二十四条の三十六の改正規定に限る。）、第二十三条から第二十七条まで、第二十九条から第三十三条まで、第三十四条（社会福祉法第六十二条、第六十五条及び第七十一条の改正規定に限る。）、第三十五条、第三十七条、第三十八条（水道法第四十六条、第四十八条の二、第五十条及び第五十条の二の改正規定を除く。）、第三十九条、第四十三条（職業能力開発促進法第十九条、第二十三条、第二十八条及び第三十条の二の改正規定に限る。）、第五十一条（感染症の予防及び感染症の患者に対する医療に関する法律第六十四条の改正規定に限る。）、第五十四条（障害者自立支援法第八十八条及び第八十九条の改正規定を除く。）、第六十五条（農地法第三条第一項第九号、第四条、第五条及び第五十七条の改正規定を除く。）、第八十七条から第九十二条まで、第九十九条（道路法第二十四条の三及び第四十八条の三の改正規定に限る。）、第百一条（土地区画整理法第七十六条の改正規定に限る。）、第百二条（道路整備特別措置法第十八条から第二十一条まで、第二十七条、第四十九条及び第五十条の改正規定に限る。）、第百三条、第百五条（駐車場法第四条の改正規定を除く。）、第百七条、第百八条、第百十五条（首都圏近郊緑地保全法第十五条及び第十七条の改正規定に限る。）、第百十六条（流通業務市街地の整備に関する法律第三条の二の改正規定を除く。）、第百十八条（近畿圏の保全区域の整備に関する法律第十六条及び第十八条の改正規定に限る。）、第百二十条（都市計画法第六条の二、第七条の二、第八条、第十条の二から第十二条の二まで、第十二条の四、第十二条の五、第十二条の十、第十四条、第二十条、第二十三条、第三十三条及び第五十八条の二の改正規定を除く。）、第百二十一条（都市再開発法第七条の四から第七条の七まで、第六十条から第六十二条まで、第六十六条、第九十八条、第九十九条の八、第百三十九条の三、第百四十一条の二及び第百四十二条の改正規定に限る。）、第百二十五条（公有地の拡大の推進に関する法律第九条の改正規定を除く。）、第百二十八条（都市緑地法第二十条及び第三十九条の改正規定を除く。）、第百三十一条（大都市地域における住宅及び住宅地の供給の促進に関する特別措置法第七条、第二十六条、第六十四条、第六十七条、第百四条及び第百九条の二の改正規定に限る。）、第百四十二条（地方拠点都市地域の整備及び産業業務施設の再配置の促進に関する法律第十八条及び第二十一条から第二十三条まで

の改正規定に限る。)、第百四十五条、第百四十六条（被災市街地復興特別措置法第五条及び第七条第三項の改正規定を除く。）、第百四十九条（密集市街地における防災街区の整備の促進に関する法律第二十条、第二十一条、第百九十一条、第百九十二条、第百九十七条、第二百三十三条、第二百四十一条、第二百八十三条、第三百十一条及び第三百十八条の改正規定に限る。）、第百五十五条（都市再生特別措置法第五十一条第四項の改正規定に限る。）、第百五十六条（マンションの建替えの円滑化等に関する法律第百二条の改正規定を除く。）、第百五十七条、第百五十八条（景観法第五十七条の改正規定に限る。）、第百六十条（地域における多様な需要に応じた公的賃貸住宅等の整備等に関する特別措置法第六条第五項の改正規定（「第二項第二号イ」を「第二項第一号イ」に改める部分を除く。）並びに同法第十一条及び第十三条の改正規定に限る。）、第百六十二条（高齢者、障害者等の移動等の円滑化の促進に関する法律第十条、第十二条、第十三条、第三十六条第二項及び第五十六条の改正規定に限る。）、第百六十五条（地域における歴史的風致の維持及び向上に関する法律第二十四条及び第二十九条の改正規定に限る。）、第百六十九条、第百七十一条（廃棄物の処理及び清掃に関する法律第二十一条の改正規定に限る。）、第百七十四条、第百七十八条、第百八十二条（環境基本法第十六条及び第四十条の二の改正規定に限る。）及び第百八十七条（鳥獣の保護及び狩猟の適正化に関する法律第十五条の改正規定、同法第二十八条第九項の改正規定（「第四条第三項」を「第四条第四項」に改める部分を除く。）、同法第二十九条第四項の改正規定（「第四条第三項」を「第四条第四項」に改める部分を除く。）並びに同法第三十四条及び第三十五条の改正規定に限る。）の規定並びに附則第十三条、第十五条から第二十四条まで、第二十五条第一項、第二十六条、第二十七条第一項から第三項まで、第三十条から第三十二条まで、第三十八条、第四十四条、第四十六条第一項及び第四項、第四十七条から第四十九条まで、第五十一条から第五十三条まで、第五十五条、第五十八条、第五十九条、第六十一条から第六十九条まで、第七十一条、第七十二条第一項から第三項まで、第七十四条から第七十六条まで、第七十八条、第八十条第一項及び第三項、第八十三条、第八十七条（地方税法第五百八十七条の二及び附則第十一条の改正規定を除く。）、第八十九条、第九十条、第九十二条（高速自動車国道法第二十五条の改正規定に限る。）、第百一条、第百二条、第百五条から第百七条まで、第百十二条、第百十七条（地域における多様な主体の連携による生物の多様性の保全のための活動の促進等に関する法律（平成二十二年法律第七十二号）第四条第八項の改正規定に限る。）、第百十九条、第百二十一条の二並びに第百二十三条第二項の規定　平成二十四年

　　　　　四月一日

（政令への委任）

第八十二条　この附則に規定するもののほか、この法律の施行に関し必要な経過措置（罰則に関する経過措置を含む。）は、政令で定める。

　附　　則（平成二三年一二月一四日法律第一二二号）　抄

（施行期日）

第一条　この法律は、公布の日から起算して二月を超えない範囲内において政令で定める日から施行する。ただし、次の各号に掲げる規定は、当該各号に定める日から施行する。

　　一　附則第六条、第八条、第九条及び第十三条の規定　公布の日

　附　　則（平成二六年六月四日法律第五一号）　抄

（施行期日）

第一条　この法律は、平成二十七年四月一日から施行する。

（処分、申請等に関する経過措置）

第七条　この法律（附則第一条各号に掲げる規定については、当該各規定。以下この条及び次条において同じ。）の施行前にこの法律による改正前のそれぞれの法律の規定によりされた許可等の処分その他の行為（以下この項において「処分等の行為」という。）又はこの法律の施行の際現にこの法律による改正前のそれぞれの法律の規定によりされている許可等の申請その他の行為（以下この項において「申請等の行為」という。）で、この法律の施行の日においてこれらの行為に係る行政事務を行うべき者が異なることとなるものは、附則第二条から前条までの規定又はこの法律による改正後のそれぞれの法律（これに基づく命令を含む。）の経過措置に関する規定に定めるものを除き、この法律の施行の日以後におけるこの法律による改正後のそれぞれの法律の適用については、この法律による改正後のそれぞれの法律の相当規定によりされた処分等の行為又は申請等の行為とみなす。

　2　この法律の施行前にこの法律による改正前のそれぞれの法律の規定により国又は地方公共団体の機関に対し報告、届出、提出その他の手続をしなければならない事項で、この法律の施行の日前にその手続がされていないものについては、この法律及びこれに基づく政令に別段の定めがあるもののほか、これを、この法律による改正後のそれぞれの法律の相当規定により国又は地方公共団体の相当の機関に対して報告、届出、提出その他の手続をしなければならない事項についてその手続がされていないものとみなして、この法律による改正後のそれぞれの法律の規定を適用する。

（政令への委任）

第九条 附則第二条から前条までに規定するもののほか、この法律の施行に関し必要な経過措置（罰則に関する経過措置を含む。）は、政令で定める。

附　則　（平成二九年五月三一日法律第四一号）　抄

（施行期日）

第一条 この法律は、平成三十一年四月一日から施行する。ただし、次条及び附則第四十八条の規定は、公布の日から施行する。

（政令への委任）

第四十八条 この附則に規定するもののほか、この法律の施行に関し必要な経過措置は、政令で定める。

附　則（令和元年六月七日法律第二六号）　抄

（施行期日）

第一条 この法律は、公布の日から施行する。

（政令への委任）

第四条 前二条に規定するもののほか、この法律の施行に関し必要な経過措置（罰則に関する経過措置を含む。）は、政令で定める。

あとがき

　本書の内容は、令和3（2021）年3月2日に、日本学術会議史学委員会博物館・美術館等の組織運営に関する分科会、全日本博物館学会、名古屋大学大学院人文学研究科附属人類文化遺産テクスト学研究センターの主催、公益財団法人日本博物館協会の後援により、オンラインで開催されたシンポジウム「今後の博物館制度を考える　博物館法改正を見据えて」にもとづくものです。

　このシンポジウムには全国から約800名の申し込みがあり、当日は常時500名程度の参加者数で推移していましたので、とても多くの方々がばばひろく関心を寄せてくださったことがわかります。当日の各パネラーによる報告、意見交換や質疑応答の書き起こしに加え、小佐野重利・東京大学名誉教授を委員長とする、日本学術会議史学委員会博物館・美術館等の組織運営に関する分科会が令和2（2020）年8月に発出した提言「博物館法改正へ向けての更なる提言〜2017年提言を踏まえて〜」をはじめとして、最低限必要な資料を掲載しました。博物館法および博物館と学芸員のあり方や質の保証における検討の経緯、現在の課題、そして今後について考えたり議論したりする際に、お手に取って少しでもお役立ていただければ、提言とシンポジウムおよび本書の刊行に携わった者の一人としてこれ以上のことはありません。これまで長年にわたり多くの先人が積み重ねてきて現在にいたる議論が後戻りせず、過去の蓄積を踏まえて未来に向かって進んでいくことを強く願っています。

　上記シンポジウムが実現にいたったのは、ひとえに芳賀満・東北大学教授のきわめて精力的な各方面への働きかけがあったからです。またご多忙のなかパネラーを快くお引き受けいただいたみなさま、そして全体の進行役をまことに的確に務めてくださった半田昌之・日本博物館協会専務理事に心より感謝いたします。また開催・運営にあたっては、当時人類文化遺産テクスト学研究センター研究員であった三好俊徳・佛教大学准教授に大変お世話になりました。ここに記して深く謝意を表したいと思います。

　なお本書は、名古屋大学人文学研究科附属人類文化遺産テクスト学研究セン

ターの「人類文化遺産テクスト学研究シリーズ」第3巻として刊行されました。最後になりましたが、こちらの無理なお願いにもかかわらず、本書の編集作業を短期間で滞りなく進めてくださった、編者の方々と中央公論美術出版の鈴木拓士さんに心から感謝申し上げます。

令和3（2021）年7月30日

木俣 元一（名古屋大学人文学研究科附属人類文化遺産テクスト学研究センター長）

公開シンポジウム「今後の博物館制度を考える〜博物館法改正を見据えて〜」
開催概要

主催：日本学術会議史学委員会博物館・美術館等の組織運営に関する分科会、全日本博物館学会、
　　　名古屋大学大学院人文学研究科附属人類文化遺産テクスト学研究センター
後援：公益財団法人日本博物館協会

2021年3月2日（火）13:00-17:00（オンライン開催）

プログラム
　総合司会　半田昌之（日本博物館協会・専務理事）
　開会挨拶　木俣元一（名古屋大学・教授）

「文化政策としての博物法改正に向けて──その課題と展望」
　　　　　　　　　　　　　　　　　　栗原祐司（京都国立博物館・副館長）
「博物館法改正へ向けての日本学術会議の提言二つの発出を終えて」
　　　　　　　　　　　　　　　　　　小佐野重利（東京大学・名誉教授）
「文化審議会博物館部会での審議から」
　　　　　　　　　　　　　　　　　　佐々木秀彦（東京都歴史文化財団・事務局企画担当課長）
「ユネスコ博物館勧告・ICOM規約（博物館定義）から見た日本の博物館法」
　　　　　　　　　　　　　　　　　　井上由佳（明治大学・准教授）
「観光政策と博物館認証制度」
　　　　　　　　　　　　　　　　　　松田陽（東京大学・准教授）
「間に合う学芸員資格取得者の養成は可能か──新たな学芸員養成課程への課題と展望」
　　　　　　　　　　　　　　　　　　栗田秀法（名古屋大学・教授）
「学芸員を研究者と認定する制度について」
　　　　　　　　　　　　　　　　　　金山喜昭（法政大学・教授）
「学芸員の力を活かすために、現場でさぐる課題と活路」
　　　　　　　　　　　　　　　　　　佐久間大輔（大阪市立自然史博物館・学芸課長）

パネルディスカッション
　司会：芳賀満（東北大学・教授）
　登壇者：上記個別報告者8名
視聴者からの質疑応答

　閉会挨拶　布谷知夫（全日本博物館学会・会長／前三重県総合博物館・館長）

博物館の未来を考える ©

発行

2021 年 8 月 30 日

編　者

「博物館の未来を考える」刊行会

（小佐野重利・栗田秀法・芳賀満・半田昌之）

発行者

松室　徹

印刷・製本

教文堂

中央公論美術出版

〒 101-0051　東京都千代田区神田神保町 1-10-1

IVY ビル 6 階

ISBN978-4-8055-0896-1